CHIFFON

卵黄・卵白

シフォンケーキ&シフォンロール

〖決定版〗

CHIFFON ROLL

JN038249

はじめに

お菓子研究家としてのスタートは、シフォンケーキの本でした。

当時はアメリカのシフォンにならって卵黄より卵白を多く使い、

軽くてふわふわに仕上げるレシピが主流でした。

それから十数年たち、「卵黄が余ってもったいない」という声にこたえ、

卵黄と卵白を同量使い切るタイプのレシピに挑戦してみました。

試作を重ねた末、思ったよりもふんわり＆しっとりとした生地で

コクのあるおいしいシフォンケーキが焼き上がったのです。

また、シフォンケーキの水分を多めにした生地を天板で焼き、

クリームを巻き込んだら、しっとりおいしいシフォンロールになりました。

今回の改訂では新しくシフォンケーキ４品、シフォンロール４品を加え、

お誕生日やお祝い、おもてなしなどに

人気のデコレーションのアイディアをプラスしました。

今までどおり、基本の作り方では一つ一つの手順やコツをくわしく説明し、

その順番でつくると上手に焼けるようにたくさんのページを割いています。

あのシフォンケーキの魅力にとりつかれた日々から思い返すと、

長年作り続けても焼き上がりの生地はいつもデリケートだったり、

まだまだおいしいバリエーションを考えついたり、

シフォンは繊細で奥深いなあとつくづく感じています。

ふんわり＆しっとりした極上の味わいをご家庭でぜひ楽しんでください。

石橋かおり

CONTENTS

CHAPTER 1

基本のシフォンケーキ
CHIFFON CAKE

CHAPTER 2

シンプルアレンジの
シフォンケーキ
SIMPLE CHIFFON

CHAPTER 3

和風シフォンケーキ
JAPANESE CHIFFON

＊大さじ1は15㎖、小さじ1は5㎖、1カップは200㎖です。

＊電子レンジの加熱時間は600Wの場合の目安です（500Wの場合は時間を1.2倍にしてください）。

＊オーブンの加熱温度と時間は目安です。お手持ちのオーブンに合わせて調節してください。

本書は2014年刊の『卵黄と卵白を使い切る！シフォンケーキ＆シフォンロール』の内容を一部変更し、
11レシピ・8ページを追加して再構成した改訂増補版です。

道具について

シフォンケーキは、一般的なお菓子作りの道具があれば作れます。
メレンゲは水や油がまざると泡立ちにくくなるので
ボウルなどをきれいに洗ってふいてから使いましょう。

計量カップ・スプーン

1カップ=200㎖、大さじ1=15㎖、小さじ1=5㎖。カップは電子レンジ加熱ができる耐熱ガラス製がおすすめ。スプーンは少量の計量に必要。粉類はすりきり(山盛りにすくい、ほかのスプーンの柄ですりきる)ではかる。

はかり

お菓子作りは材料をきちんと計量することが大切なため、1g単位で正確にはかれる、デジタルのはかりがおすすめ。必ず水平な場所で使うこと。

ボウル

26㎝(写真右)、22㎝程度のサイズが使いやすい。丈夫なステンレス製がおすすめ。電子レンジ加熱ができる耐熱ガラス製もあると便利。この本では、メレンゲの泡立てには深型(写真左)を使用。

こし器

粉をふるったり、生地をこしたりするのに使う網。ストレーナー、万能こし器ともいう。

泡立て器

ボウルの直径の1.2〜1.5倍くらいの長さのものを使う。ワイヤがしっかりしたものが使いやすい。

ハンドミキサー

泡立ての多いシフォンケーキ作りには必需品。3段階以上に速度調節できるものがいい。ビーター(羽根)が小さいものはパワーが弱いので、泡立てに時間がかかる。

ゴムべら

生地をまぜ合わせたり、ボウルから生地をムダなくこそげたり、さまざまな用途がある。熱に強いシリコンゴム製が使いやすい。

パレットナイフ

シフォンケーキを型からはずすのに必要。刃の長さが18㎝前後のものが使いやすい。コテ状で細身のシフォンケーキ専用ナイフもある。

オーブン

一般的な電気オーブン、またはオーブンレンジを使用。焼きムラが出る場合は、焼いている途中で型を半回転させるとよい。

シフォンケーキ型について

＊シフォンケーキには専用の型を使います。型は2つのパーツに分かれていて、筒がついた底はとりはずせるようになっています。筒は沈みやすいふわふわの生地を、中心からもしっかり加熱するためのものです。

約17cm　　約20cm

＊この本では17cm型と20cm型の2サイズのレシピを掲載しています（各レシピの写真は左の17cm型で作ったもの）。直径は3cm差ですが、容量はほぼ2倍の差があります。また、筒より上まで生地がふくらむことがあるので、オーブン内のサイズを確かめてから選びましょう。

＊フッ素樹脂加工の型もありますが、生地が型にしっかりはりつかないとふくらまないので、必ずアルミ製かステンレス製を使ってください。

材料について

基本の材料はこの6点。鮮度のいい、良質のものを使いましょう。

卵（Lサイズ）

シフォンケーキのベースとなる材料。生地がだれないよう、必ず使う直前まで冷蔵室で冷やしておくこと。卵白だけを泡立てたものは「メレンゲ」と呼ばれ、生地をふんわりと軽く仕上げる力がある。この本ではすべてLサイズ（64〜70g）を使用。

薄力粉

お菓子作りで一般的に使われる小麦粉で、グルテン（粘りを出す成分）の含有量が少ない。風味が落ちやすいので、残りは密封して早めに使い切る。湿気を吸ってダマになりやすいため、必ずふるってから使うこと。

砂糖（上白糖）

グラニュー糖よりも生地になじみやすいので、本書のシフォンケーキ作りには基本的に上白糖（白砂糖）を使用する。風味をつけたい場合は、きび砂糖や三温糖にかえてもかまわない。

サラダ油

シフォンケーキ特有のなめらかな食感を出すために必要。なたね油や米油などでもかまわない。酸化しやすいので、鮮度のよいものを使う。

水

しっとりと焼き上げるために生地に加える。基本のシフォンケーキ以外は、牛乳やフルーツピュレなどの液体で風味を加えることが多い。

バニラオイル

独特の甘い香りのする香料で、卵くささを消す効果もある。焼き菓子には、熱に強いバニラオイルが最適だが、バニラエッセンスでも代用できる。

CHAPTER 1

基本のシフォンケーキ

まずはいちばんシンプルな、バニラ風味のシフォンケーキを焼いてみましょう。
そして、ほかのアレンジやシフォンロールなども楽しんでみてください。

CHIFFON CAKE

プレーンシフォンケーキ

シフォンケーキの風味を存分に味わえる、基本のシンプルなレシピ。
卵黄とメレンゲを別々にしっかりと泡立てて、ふんわりと焼き上げましょう。

基本のシフォンケーキの作り方

作り始める前に、作り方の流れを頭に入れておきましょう。
途中で手が止まらないよう、材料の計量をすませておくことも大切です。

● 材料と焼き時間（各1個分）

材料	17cm型	20cm型
卵黄生地		
卵黄(L)	3個分	6個分
砂糖	20g	40g
サラダ油	30ml	60ml
水	40ml	80ml
バニラオイル	2〜3滴	3〜4滴
薄力粉	75g	150g
メレンゲ		
卵白(L)	3個分	6個分
砂糖	50g	100g
焼き時間(160度)	35分	45分

＊卵は使う直前まで冷やしておく。

● 作り方の流れ

1 卵黄生地を作る
↓
2 メレンゲを作る
↓
3 1 と 2 を合わせる
↓
4 型に入れて焼く
↓
5 型からはずす

HOW TO MAKE

基本の作り方 （写真は17cm型）

シフォンケーキ作りには、いくつかの大切なポイントがあります。
初めてのかたはもちろん、なかなか理想のシフォンが焼けない！というかたも
プロセス写真をよく見ながら作ってみてください。
感動するほどふわふわ＆しっとりのシフォンケーキに出会えるはずです。

[準備] オーブンを160度に予熱する。

1	卵黄生地を作る

卵黄生地作りは、材料をしっかりまぜ合わせることが大事。
ハンドミキサーを使うと、より手早くできます。

卵黄 　　＋砂糖

前後に振る

1 冷やしておいた卵を卵黄と卵白
に分け、別々のボウルに入れる。

＊卵黄を傷つけないよう、左右の殻に移
しながら、卵白をボウルに落とす。
＊卵白に卵黄がまざった場合、泡立ちが
悪くなるので、スプーンでとり除く。

2 卵黄は泡立て器でほぐし、砂糖
を加えてよくすりまぜる。

3 全体が白っぽく、もったりとし
たマヨネーズ状になるまでよく
泡立てる。

＊ハンドミキサーの場合、小さめの深型
ボウルで泡立て、大きいボウルに移す。

+サラダ油	+水	+バニラオイル

4　サラダ油を加え、なめらかにな
るまでまぜる。

＊油が分離しないように、よくなじませ
る。慣れないうちは少しずつ加える。

5　水を加えてサッとまぜる。

＊まぜすぎると泡が消えて大きな気泡が
できるので、軽くまぜる。

6　バニラオイルを加えてサッとま
ぜる。

＋薄力粉

7　薄力粉をこし器でふるいながら
入れる。

＊ふるわないとダマができる場合がある
ので、必ずふるうこと。

8　ムラがなくなるまで、泡立て器
でぐるぐるとしっかりまぜる。

9　卵黄生地のでき上がり。

＊生地を持ち上げると、ゆっくりと途切
れず流れ落ちるくらいのかたさが目安。

2 | メレンゲを作る

卵白をしっかりと泡立てて作ります。
この泡が、シフォンケーキをふんわりふくらませてくれます。

卵白＋砂糖

高速

高速

高速→低速

1 別のボウルに入れた卵白はハンドミキサーの高速で泡立て、全体がモコモコになってきたら砂糖を加える。

＊外側のほうに水分がたまりやすいので、ミキサーを大きく回しながら泡立てる。

2 高速でさらに泡立て、しっかりとしたメレンゲを作る。

＊17cm型の分量で、パワーの強いハンドミキサーで3〜4分、弱いものだと5〜6分が目安。

3 ツヤが出て、すくうとピンとツノが立てばメレンゲのでき上がり。最後に低速で10〜20秒なでるように泡立ててキメをととのえる。

3 | 1と2を合わせる

最初はメレンゲをひとすくい加え、卵黄生地をゆるめます。
メレンゲの泡をつぶさないよう、手早くまぜ合わせましょう。

卵黄生地＋メレンゲ

1 11ページの9の卵黄生地にメレンゲをひとすくい加える。

2 泡立て器でぐるぐるとまぜる。

＊このメレンゲは卵黄生地をゆるめるためのものなので、泡が多少つぶれてもかまわない。

3 白い部分が見えるうちに、残りのメレンゲを2回に分けて加え、そのつどさっくりとまぜる。

＊生地を泡立て器ですくい上げ、手首を返してやさしく落とすようにする。

4 | 型に入れて焼く

途中で表面に切り込みを入れると、全体が均一にふくらみます。

4 最後はゴムべらにかえ、ボウルの側面や底から生地をすくっては手首を返し、ムラがなくなるまでまぜる。

1 底をセットした型に生地を流し入れる。半量を入れたらいったん止め、型を半回転させて反対側に流し入れるとよい。

＊型には、絶対に油を塗ったりオーブンシートをはったりしないこと。焼いているうちに生地がはがれて縮んでしまう。

2 菜箸1本を底までさし込み、ぐるぐると筒に沿って5〜6周回し、空気を抜く。筒の上部に生地がついた場合は、焦げやすいのでふきとっておく。

3 天板にのせ、160度のオーブンで焼く。表面に膜が張ってきたらとり出し（17cm型で7〜8分、20cm型で10〜12分）、生地が均一にふくらむようパレットナイフで十文字に切り込みを入れる。オーブンに戻し、指定の時間まで焼く。

＊焦げそうな場合は温度を20度下げる。

4 焼けたらすぐにオーブンから出す。型の縁までしっかりふくらんでいれば成功。

＊熱いので、やけどに注意すること。

5 型ごとさかさまにして、高さのある器などに筒の部分をのせる。完全に熱がなくなるまで、そのまま2時間以上冷ます。

＊卵に対して粉の量が少ない生地なので、さかさまにしないと卵の気泡が支えきれず、しぼんでしまう。

はりついた生地を傷つけないよう、ていねいにパレットナイフではがします。
ナイフを型に押しつけるようにするのがコツ。

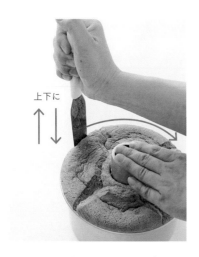

1 完全に冷めたら、型と生地の間にパレットナイフをさし込み、上下に動かしながら1周して側面の生地をはがす。

＊生地と型の間にすき間をつくり、ナイフを外側にしならせて型にぐっと押しつけ、側面にずっと刃があたっている状態ではがす。

2 中央の筒部分は竹ぐし（または細身のナイフ）ではがす。

3 まな板などの上にひっくり返し、そっと外側の型を持ち上げてはずす。

4 底と生地の間にパレットナイフをさし込む。筒にあたったら、ナイフは固定したまま、反対の手で筒と底の縁をしっかり持ってゆっくり回転させる。

＊ナイフではなく、型のほうを回転させるのが、きれいにはずすポイント。

5 でき上がり。

カットするときは

生地をつぶさないように、ブレッドナイフかケーキナイフを使う。

＊全体に気泡が均一で、ふっくらしていれば大成功。

シフォンケーキ Q&A

Q.1 日もちと保存方法を教えて！

A. 保存はラップで包んで。日もちは冷蔵室で2～3日、冷凍で2週間ほどが目安です。食べるときは自然解凍で。

型ごと保存する場合
完全に冷めてから、中央に切り込みを入れたペーパータオルをかぶせ、ラップできっちりと包みます。

ホールの場合
ペーパータオルで中央の穴を補強し、折りたたんだペーパータオルを上下にあててからラップで包みます。

カットした場合
1切れずつラップで包み、保存袋かポリ袋に入れます。

Q.2 生地に穴があいてしまうのはなぜ？

A. 生地を流し入れるときに入った空気が抜けていなかったり、メレンゲのかたまりが残っていたりしたせいです。逆に、菜箸でまぜすぎても、大きな気泡が入って穴があくことがあります。

Q.3 型からはがれてしまうのはなぜ？

A.「型に油を塗った」「フッ素樹脂加工の型を使った」などの原因が考えられます。アルミ型でも新品はツルツルしているため、内側をメラミンスポンジかクリームクレンザーでこすり洗いしてから使用しましょう。

型についた生地はスチールたわしや歯ブラシでこすりとり、台所用洗剤とメラミンスポンジでよく洗い落とします。

Q.4 型からきれいにはずせないのはなぜ？

A. パレットナイフの動かし方が乱暴なのがいちばんの原因です。ナイフをしっかりと型に押しつけないと、生地がえぐれてしまいます。また、生地があたたかいとくずれやすいので、冷めてから冷蔵室でさらに生地を締めると、きれいに出しやすくなります。

Q.5 ふくらみが悪いのはなぜ？

A. 考えられる要因は主に2つ。1つめはメレンゲの泡立て不足、2つめはオーブンの火力が強すぎて表面が早く焼き固まってしまう場合です。表面に切り込みを入れる時点で焼き色がついていたら、温度を指定より20度下げて焼いてください。

ホイップクリームとラズベリーのデコレーション

ふわふわのシフォンケーキが焼けたら、素敵にデコレーションしてみましょう。
定番のいちごや、メロンやチェリーなどの季節のフルーツでもアレンジできます。
誕生日やクリスマスなどの特別な日にいかがですか。

● 材料

材料	17cm型	20cm型
基本のシフォンケーキ	1個	1個
生クリーム（乳脂肪45％以上）	400㎖	500㎖
砂糖	60g	75g
ラズベリー	6〜8個	10〜12個

［準備］

1 基本のシフォンケーキ（9〜14ページ参照）を
焼いておく。

2 絞り出し袋に丸口金（直径1.2〜1.5cm）をつけ
て袋をひねり、口金の中に押し込む（A）。入れ口
を開き、計量カップなどにセットする。

● 作り方

1 ホイップクリームを作る

1 ボウルに生クリームと砂糖を入れ、
底を氷水にあてて七分立て（B・79ペ
ージ参照）にする。クリームの¼量を
別のボウルにとり分け、残りはラップ
をかけて冷蔵室に入れておく。

2 デコレーションする

2 下塗りをする。シフォンケーキを回
転台にのせ、とり分けたクリームを上
面にのせて台を回しながらパレットナ
イフで上面（C）、側面（D）、穴の内側
の順に薄く塗り、冷蔵室で30分ほど
休ませる。

＊ナイフをあてて固定し、台を回してクリー
ムを塗る。ここではムラがあってもかまわな
い（E）。

3 仕上げ塗りをする。冷やしておいた
クリームの⅔量を上面に回しかけ（F）、
残りは冷蔵室に戻す。パレットナイフ
で2と同様に上面に塗る。

4 側面はナイフを立てて同様に塗り
（G）、穴の内側も塗る。

＊くり返すと表面がざらつくので、それぞれ1
〜2周で仕上げる。ざらついてきたら、ナイ
フのクリームをふきとり、ぬるま湯につけて
からなでるときれいになる。ナイフで筋をつ
けたり、ペタペタとツノを出して仕上げても。

5 残りのクリームを泡立て器でまぜ、
八分立て（79ページ参照）にする。絞
り出し袋に入れ、ケーキの上面6〜8
カ所に丸く絞る（H）。ラズベリーを飾
り、好みでミントを飾る。冷蔵室で1
時間ほど冷やす。

＊絞りたい位置にパレットナイフなどで印を
つけておくとバランスよく仕上がる。

A   E

B   F

C   G

D   H

ガナッシュクリームとナッツのデコレーション

ショートケーキのように生地をスライスし、ガナッシュクリームを塗り重ねます。
ラフな仕上がりなので、デコレーションの苦手なかたでも大丈夫。
チョコレートやバナナのシフォンケーキを使ってもおいしく作れます。

● 材料

材料	17 cm型	20 cm型
基本のシフォンケーキ	1個	1個
生クリーム（乳脂肪45％以上）	300 ㎖	400 ㎖
スイートチョコレート	100g	150g
好みのナッツ（製菓用）	約20g	約30g

＊スイートチョコレートはタブレットタイプを使用。板チョコを使用する場合は刻む。
＊ナッツはアーモンド、くるみ、ピスタチオなどを好みで。素焼きのミックスナッツでも。

［準備］

1 基本のシフォンケーキ（9〜14ページ参照）を焼いておく。

2 ナッツをフライパンに入れて中火で1分ほど炒り、少し冷めたら、あらみじんに切る。

● 作り方

1 生地をスライスする

1 シフォン生地の側面上から⅓のところにつまようじ7〜8本を刺し、その上をケーキナイフでスライスする（A）。つまようじをはずして残りも同様に2等分し、ラップで包む。

2 ガナッシュクリームを作る

2 小なべに生クリームの半量を入れて中火にかけ、沸騰したら火を止め、スイートチョコレートを加えて1〜2分おき（B）、ゴムべらでよくまぜてとかす。

3 ボウルに移し、残りの生クリームを加えてまぜ、底を冷水（氷水だと固まってしまうため、氷を2〜3個入れた程度）にあてて七分立て（79ページ参照）にする（C）。すぐに水からはずす。

3 デコレーションする

4 1の下段の生地にクリームの⅓量弱をのせてスプーンの背で塗り広げ（D）、中段の生地をのせる。その上面に同様にクリームを塗り、上段の生地をのせる。

5 上面に残りのクリームを塗り（E）、ナッツを散らす。冷蔵室で1時間以上冷やす。

CHAPTER 2

○○○○○○○○○○○○○○○○○○○○○○

シンプルアレンジのシフォンケーキ

基本を少しアレンジするだけで、さまざまなバリエーションが生まれます。
定番人気のフレーバーを中心に紹介します。

SIMPLE CHIFFON

紅茶シフォンケーキ

ティータイムにいちばん人気の、香り高いシフォンケーキ。
アールグレイなどのフレーバーティーを使い、
煮出した紅茶と茶葉をダブルで入れるのがポイントです。

● **材料と焼き時間**（材料の色文字と作り方の下線は「基本」と異なる部分）

材料	17cm型	20cm型
卵黄生地		
卵黄（L）	3個分	6個分
砂糖	20g	40g
サラダ油	30㎖	60㎖
紅茶液		
紅茶ティーバッグ	4袋	8袋
水	80㎖	160㎖
紅茶葉		
紅茶葉（ティーバッグ）	1袋分	2袋分
熱湯	15㎖	30㎖
薄力粉	75g	150g
メレンゲ		
卵白（L）	3個分	6個分
砂糖	50g	100g
焼き時間（160度）	35分	45分

＊紅茶ティーバッグは1袋約2g。アールグレイなどのフレーバーティーがおすすめ。

[準備]

1 紅茶液を作る。小なべに水を入れて火にかけ、沸騰したらティーバッグを入れ、弱火で10秒煮出して火を止める。ふたをして3分おき（**A**）、17cm型で50㎖、20cm型で100㎖計量する。

＊スプーンでギュッとしぼって計量し、足りない場合は水を加える。

2 紅茶葉を蒸らす。ティーバッグから出した紅茶葉に熱湯を回しかけ、ラップをかけておく（**B**）。

3 オーブンを160度に予熱する。

● **作り方**

1	**卵黄生地を作る**

1 ボウルに卵黄と砂糖を入れ、泡立て器で全体が白っぽくなるまでよく泡立てる。

2 サラダ油を加えてよくまぜ、<u>準備1の紅茶液を加えてまぜる</u>（**C**）。

3 薄力粉をこし器でふるいながら入れ、泡立て器でしっかりまぜる。

4 <u>準備2の紅茶葉を加えてまぜる</u>（**D**）。卵黄生地のでき上がり。

2	**メレンゲを作る**

5 卵白はハンドミキサーで泡立て、モコモコになったら砂糖を加えてさらに泡立て、ピンとツノが立つメレンゲを作る。

3	**1と2を合わせる**

6 卵黄生地にメレンゲをひとすくい加え、泡立て器でぐるぐるとまぜる。

7 白い部分が見えるうちに、残りのメレンゲを2回に分けて加え、そのつどさっくりとまぜる（**E**）。

8 最後はゴムべらにかえ、ムラがなくなるまでまぜる。

4	**型に入れて焼く**

9 型に生地を流し入れ、菜箸でぐるぐると筒に沿って5〜6周回し、空気を抜く。天板にのせ、160度のオーブンで焼く。

10 表面に膜が張ってきたら十文字に切り込みを入れ、オーブンに戻してさらに指定の時間まで焼く。

11 焼けたらすぐにオーブンから出して型ごとさかさまにし、完全に熱がなくなるまで2時間以上冷ます。

5	**型からはずす**

12 14ページを参照して、型からはずす。

A

B

C

D

E

バニラカスタードシフォンケーキ

カスタードクリームのような味わいを出すために卵黄をたっぷり使います。
ふんわり食感とリッチなコクの両方を楽しめる、
バニラビーンズのツブツブもぜいたくなシフォンケーキです。

● **材料と焼き時間**（材料の色文字と作り方の下線は「基本」と異なる部分）

材料	17cm型	20cm型
卵黄生地		
卵黄（L）	6個分	12個分
砂糖	20g	40g
サラダ油	30㎖	60㎖
牛乳（または水）	40㎖	80㎖
バニラビーンズ	½本	1本
薄力粉	65g	130g
メレンゲ		
卵白（L）	3個分	6個分
砂糖	50g	100g
焼き時間（160度）	35分	45分

＊バニラビーンズはバニラオイル（17cm型は2〜3滴、20cm型は3〜4滴）
で代用しても。

[準備]

1 バニラビーンズのさやを縦に切り（A）、ナイフの背でしごいて種子をとり出す（B）。

2 オーブンを160度に予熱する。

● **作り方**

1 卵黄生地を作る

1 ボウルに卵黄と砂糖を入れ、泡立て器で全体が白っぽくなるまでよく泡立てる。

2 サラダ油を加えてよくまぜ、牛乳を加えてまぜる（C）。

3 準備1のバニラビーンズの種子を加えてまぜる（D）。

4 薄力粉をこし器でふるいながら入れ、泡立て器でしっかりまぜる。卵黄生地のでき上がり。

2 メレンゲを作る

5 卵白はハンドミキサーで泡立て、モコモコになったら砂糖を加えてさらに泡立て、ピンとツノが立つメレンゲを作る。

3 1と2を合わせる

6 卵黄生地にメレンゲをひとすくい加え、泡立て器でぐるぐるとまぜる。

7 白い部分が見えるうちに、残りのメレンゲを2回に分けて加え、そのつどさっくりとまぜる。

8 最後はゴムべらにかえ、ムラがなくなるまでまぜる（E）。

4 型に入れて焼く

9 型に生地を流し入れ、菜箸でぐるぐると筒に沿って5〜6周回し、空気を抜く。天板にのせ、160度のオーブンで焼く。

10 表面に膜が張ってきたら十文字に切り込みを入れ、オーブンに戻してさらに指定の時間まで焼く。

11 焼けたらすぐにオーブンから出して型ごとさかさまにし、完全に熱がなくなるまで2時間以上冷ます。

5 型からはずす

12 14ページを参照して、型からはずす。

A

B

C

D

E

チョコレートシフォンケーキ

ココアではなく、とかしたチョコレートをたっぷり焼き込みました。
チョコ好きも大満足の、しっとり濃厚な味わいです。
脂肪分でメレンゲの泡が消えやすいので、まぜすぎないように気をつけて。

● **材料と焼き時間** (材料の色文字と作り方の下線は「基本」と異なる部分)

材料	17cm型	20cm型
卵黄生地		
卵黄(L)	3個分	6個分
砂糖	20g	40g
チョコレート液		
スイートチョコレート	80g	160g
水	60㎖	120㎖
サラダ油	30㎖	60㎖
薄力粉	50g	100g
メレンゲ		
卵白(L)	3個分	6個分
砂糖	50g	100g
焼き時間(160度)	35分	45分

＊スイートチョコレートはカカオ分60％以下のものを。
カカオ分が多すぎると、生地に穴があいたり、へこんだりすることがある。

［準備］

1 チョコレート液を作る。スイートチョコレートを刻む。小なべに水を入れて火にかけ、沸騰したら火を止め、刻んだチョコレートを加える(A)。

2 周囲がとけてきたら木べらかゴムべらでよくまぜてとかし、サラダ油を加えてまぜる(B)。

3 オーブンを160度に予熱する。

● **作り方**

1	卵黄生地を作る

1 ボウルに卵黄と砂糖を入れ、泡立て器で全体が白っぽくなるまでよく泡立てる。

2 準備2のチョコレート液を加えてまぜる(C)。

3 薄力粉をこし器でふるいながら入れ、泡立て器でしっかりまぜる(D)。

4 卵黄生地のでき上がり。

2	メレンゲを作る

5 卵白はハンドミキサーで泡立て、モコモコになったら砂糖を加えてさらに泡立て、ピンとツノが立つメレンゲを作る。

3	1と2を合わせる

6 卵黄生地にメレンゲをひとすくい加え、泡立て器でぐるぐるとまぜる。

7 白い部分が見えるうちに、残りのメレンゲを2回に分けて加え、そのつどさっくりとまぜる(E)。

8 最後はゴムべらにかえ、ムラがなくなるまでまぜる。

4	型に入れて焼く

9 型に生地を流し入れ、天板にのせ、160度のオーブンで焼く。

＊チョコレートの油分で泡が消えやすいため、菜箸で空気を抜かずにそのまま焼く。

10 表面に膜が張ってきたら十文字に切り込みを入れ、オーブンに戻してさらに指定の時間まで焼く。

11 焼けたらすぐにオーブンから出して型ごとさかさまにし、完全に熱がなくなるまで2時間以上冷ます。

5	型からはずす

12 14ページを参照して、型からはずす。

A

B

C

D

E

キャラメルシフォンケーキ

大人気のキャラメル味のシフォンケーキ。
キャラメルの煮詰めかげんで風味が変わってくるので
何度か作って、好みの味わいをみつけましょう。

● **材料と焼き時間**（材料の色文字と作り方の下線は「基本」と異なる部分）

材料	17cm型	20cm型
卵黄生地		
卵黄（L）	3個分	6個分
砂糖	30g	60g
サラダ油	30㎖	60㎖
キャラメル		
グラニュー糖	60g	120g
水	15㎖	30㎖
熱湯	30㎖	60㎖
バニラオイル	2〜3滴	3〜4滴
薄力粉	80g	160g
メレンゲ		
卵白（L）	3個分	6個分
砂糖	60g	120g
焼き時間（160度）	35分	45分

［準備］

1 キャラメルを作る。小なべにグラニュー糖と水を入れて中火にかけ、ときどき揺すりながら煮詰める。煙が出て全体が茶色になったら火を止め、なべの端から熱湯をゆっくり注いでときのばす（**A**）。

＊熱湯を入れると高温のキャラメルが飛び散る場合があるので、のぞき込まないこと。

2 少し冷めたら17cm型で50㎖、20cm型で100㎖計量し、固まらないように湯せんにかけておく。

3 オーブンを160度に予熱する。

● **作り方**

1　卵黄生地を作る

1 ボウルに卵黄と砂糖を入れ、泡立て器で全体が白っぽくなるまでよく泡立てる。

2 サラダ油を加えてよくまぜる。

3 準備2のキャラメル（**B**）、バニラオイルを加えてまぜる。

4 薄力粉をこし器でふるいながら入れ、泡立て器でしっかりまぜる。卵黄生地のでき上がり。

2　メレンゲを作る

5 卵白はハンドミキサーで泡立て、モコモコになったら砂糖を加えてさらに泡立て、ピンとツノが立つメレンゲを作る。

3　1と2を合わせる

6 卵黄生地にメレンゲをひとすくい加え、泡立て器でぐるぐるとまぜる。

7 白い部分が見えるうちに、残りのメレンゲを2回に分けて加え、そのつどさっくりとまぜる。

8 最後はゴムべらにかえ、ムラがなくなるまでまぜる（**C**）。

＊生地の色が薄くなるが、焼くとキャラメルの色がきれいに出る。

4　型に入れて焼く

9 型に生地を流し入れ、菜箸でぐるぐると筒に沿って5〜6周回し、空気を抜く。天板にのせ、160度のオーブンで焼く。

10 表面に膜が張ってきたら十文字に切り込みを入れ、オーブンに戻してさらに指定の時間まで焼く。

11 焼けたらすぐにオーブンから出して型ごとさかさまにし、完全に熱がなくなるまで2時間以上冷ます。

5　型からはずす

12 14ページを参照して、型からはずす。

A

B

C

バナナシフォンケーキ

焼き上がりが近づくと、オーブンから甘い香りが漂います。
バニラアイスクリームとよく合う、やさしい甘さのシフォン。
よく熟したバナナを使うとおいしくできます。

● **材料と焼き時間**（材料の色文字と作り方の下線は「基本」と異なる部分）

［準備］
オーブンを160度に予熱する。

材料	17cm型	20cm型
卵黄生地		
卵黄（L）	3個分	6個分
砂糖	30g	60g
サラダ油	30㎖	60㎖
バナナ（正味）	50g	100g
バナナリキュール		
（または牛乳）	15㎖	30㎖
バニラオイル	2〜3滴	3〜4滴
薄力粉	80g	160g
メレンゲ		
卵白（L）	3個分	6個分
砂糖	50g	100g
焼き時間（160度）	35分	45分

＊バナナリキュールはバナナの風味をつけた洋酒（A）。ミニチュアボトルもある。

● **作り方**

1　卵黄生地を作る

1 ボウルに卵黄と砂糖を入れ、泡立て器で全体が白っぽくなるまでよく泡立てる。

2 サラダ油を加えてよくまぜる。

3 バナナにバナナリキュールをかけてフォークでつぶす（B）。2に加え（C）、バニラオイルを加えてまぜる。

4 薄力粉をこし器でふるいながら入れ、泡立て器でしっかりまぜる。卵黄生地のでき上がり。

2　メレンゲを作る

5 卵白はハンドミキサーで泡立て、モコモコになったら砂糖を加えてさらに泡立て、ピンとツノが立つメレンゲを作る。

3　1と2を合わせる

6 卵黄生地にメレンゲをひとすくい加え、泡立て器でぐるぐるとまぜる。

7 白い部分が見えるうちに、残りのメレンゲを2回に分けて加え、そのつどさっくりとまぜる。

8 最後はゴムべらにかえ、ムラがなくなるまでまぜる（D）。

4　型に入れて焼く

9 型に生地を流し入れ、菜箸でぐるぐると筒に沿って5〜6周回し、空気を抜く。天板にのせ、160度のオーブンで焼く。

10 表面に膜が張ってきたら十文字に切り込みを入れ、オーブンに戻してさらに指定の時間まで焼く。

11 焼けたらすぐにオーブンから出して型ごとさかさまにし、完全に熱がなくなるまで2時間以上冷ます。

5　型からはずす

12 14ページを参照して、型からはずす。好みでバニラアイスクリーム（市販品）を添える。

A

B

C

D

いちごシフォンケーキ

いちごのピュレをまぜ込んだ、甘ずっぱくてキュートなシフォンケーキ。
切り分けた瞬間、中からのぞくピンクの生地に歓声が上がりそう。
16ページのように、ホイップクリームでデコレーションするのもおすすめです。

● **材料と焼き時間** (材料の色文字と作り方の下線は「基本」と異なる部分)

材料	17cm型	20cm型
卵黄生地		
卵黄(L)	4個分	7個分
砂糖	20g	35g
サラダ油	30㎖	60㎖
いちごピュレ(冷凍)	130g	180g
レモン汁	30㎖	55㎖
食用色素(赤)	付属のさじ1	付属のさじ1½
薄力粉	75g	140g
メレンゲ		
卵白(L)	4個分	7個分
砂糖	50g	100g
焼き時間(160度)	35分	45分

＊食用色素のさじは耳かきの大きさが目安。

[準備]

1 大きめの耐熱容器にいちごピュレとレモン汁大さじ1を入れ、電子レンジ(600W)で7分加熱して70g計量する(20cm型は8分加熱して100g計量する)。

2 残りのレモン汁に食用色素を加えてまぜ(A)、1とまぜ合わせる。

＊食用色素を加えるのは、焼くといちごピュレの色が抜けて生地がグレーになってしまうため。

3 オーブンを160度に予熱する。

● **作り方**

1	卵黄生地を作る

1 ボウルに卵黄と砂糖を入れ、泡立て器で全体が白っぽくなるまでよく泡立てる。

2 サラダ油を加えてよくまぜる。

3 準備2のいちごピュレ液を加えてまぜる(B)。

4 薄力粉をこし器でふるいながら入れ、泡立て器でしっかりまぜる。卵黄生地のでき上がり。

2	メレンゲを作る

5 卵白はハンドミキサーで泡立て、モコモコになったら砂糖を加えてさらに泡立て、ピンとツノが立つメレンゲを作る。

3	1と2を合わせる

6 卵黄生地にメレンゲをひとすくい加え、泡立て器でぐるぐるとまぜる。

7 白い部分が見えるうちに、残りのメレンゲを2回に分けて加え、そのつどさっくりとまぜる。

8 最後はゴムべらにかえ、ムラがなくなるまでまぜる。

4	型に入れて焼く

9 型に生地を流し入れ、菜箸でぐるぐると筒に沿って5～6周回し、空気を抜く。天板にのせ、160度のオーブンで焼く。

10 表面に膜が張ってきたら十文字に切り込みを入れ、オーブンに戻してさらに指定の時間まで焼く。

11 焼けたらすぐにオーブンから出して型ごとさかさまにし、完全に熱がなくなるまで2時間以上冷ます。

5	型からはずす

12 14ページを参照して、型からはずす。

A

B

パッションフルーツシフォンケーキ

パッションフルーツピュレをたっぷりとまぜ込みました。
ちょっぴり酸味がきいたフルーティーな味わいです。
甘い練乳ソースをかけて食べると、さわやかな風味が引き立ちます。

● **材料と焼き時間** (材料の色文字と作り方の下線は「基本」と異なる部分)

材料	17cm型	20cm型
卵黄生地		
卵黄(L)	4個分	6個分
砂糖	20g	30g
サラダ油	30㎖	50㎖
パッションフルーツ		
ピュレ(冷凍)	70g	110g
薄力粉	80g	120g
メレンゲ		
卵白(L)	4個分	6個分
砂糖	50g	80g
焼き時間(160度)	35分	45分
練乳ソース		
加糖練乳	40㎖	80㎖
牛乳	10㎖	20㎖
バニラエッセンス	1〜2滴	2〜3滴

[準備]

1 パッションフルーツピュレを自然解凍する。

2 オーブンを160度に予熱する。

● **作り方**

1　卵黄生地を作る

1 ボウルに卵黄と砂糖を入れ、泡立て器で全体が白っぽくなるまでよく泡立てる。

2 サラダ油を加えてよくまぜる。

3 準備1のパッションフルーツピュレを加えてまぜる(**A**)。

4 薄力粉をこし器でふるいながら入れ、泡立て器でしっかりまぜる。卵黄生地のでき上がり。

2　メレンゲを作る

5 卵白はハンドミキサーで泡立て、モコモコになったら砂糖を加えてさらに泡立て、ピンとツノが立つメレンゲを作る。

3　1と2を合わせる

6 卵黄生地にメレンゲをひとすくい加え、泡立て器でぐるぐるとまぜる。

7 白い部分が見えるうちに、残りのメレンゲを2回に分けて加え、そのつどさっくりとまぜる。

8 最後はゴムべらにかえ、ムラがなくなるまでまぜる(**B**)。

4　型に入れて焼く

9 型に生地を流し入れ、菜箸でぐるぐると筒に沿って5〜6周回し、空気を抜く。天板にのせ、160度のオーブンで焼く。

10 表面に膜が張ってきたら十文字に切り込みを入れ、オーブンに戻してさらに指定の時間まで焼く。

11 焼けたらすぐにオーブンから出して型ごとさかさまにし、完全に熱がなくなるまで2時間以上冷ます。

5　型からはずす

12 14ページを参照して、型からはずす。

6　練乳ソースを作る

13 ボウルに加糖練乳、牛乳、バニラエッセンスを入れてよくまぜ(**C**)、シフォンケーキに添える。

マロンシフォンケーキ

大人も子どもも大好きな、マロンクリームたっぷりのシフォンケーキ。
ほんのりとラム酒をきかせたホイップクリームとココアパウダーを添えれば
モンブラン風のリッチな味わいに。

● **材料と焼き時間**（材料の色文字と作り方の下線は「基本」と異なる部分）

［準備］
オーブンを160度に予熱する。

材料	17cm型	20cm型
卵黄生地		
卵黄（L）	3個分	5個分
砂糖	20g	35g
マロンクリーム（缶詰）	150g	250g
サラダ油	30㎖	60㎖
バニラオイル	2～3滴	3～4滴
薄力粉	65g	110g
メレンゲ		
卵白（L）	3個分	5個分
砂糖	40g	65g
焼き時間（160度）	35分	45分
ホイップクリーム		
生クリーム	100㎖	200㎖
砂糖	小さじ2	大さじ1⅓
ラム酒（好みで）	小さじ1	小さじ2
ココアパウダー（好みで）	少々	少々

● **作り方**

1　卵黄生地を作る

1　ボウルに卵黄と砂糖を入れ、泡立て器で全体が白っぽくなるまでよく泡立てる。

2　別のボウルにマロンクリーム（**A**）を入れ、泡立て器でねる。

3　1を加えてまぜ（**B**）、サラダ油とバニラオイルを加えてよくまぜる。

4　薄力粉をこし器でふるいながら入れ、泡立て器でしっかりまぜる。卵黄生地のでき上がり。

2　メレンゲを作る

5　卵白はハンドミキサーで泡立て、モコモコになったら砂糖を加えてさらに泡立て、ピンとツノが立つメレンゲを作る。

3　1と2を合わせる

6　卵黄生地にメレンゲをひとすくい加え、泡立て器でぐるぐるとまぜる。

7　白い部分が見えるうちに、残りのメレンゲを2回に分けて加え、そのつどさっくりとまぜる。

8　最後はゴムべらにかえ、ムラがなくなるまでまぜる（**C**）。

4　型に入れて焼く

9　型に生地を流し入れ、菜箸でぐるぐると筒に沿って5～6周回し、空気を抜く。天板にのせ、160度のオーブンで焼く。

10　表面に膜が張ってきたら十文字に切り込みを入れ、オーブンに戻してさらに指定の時間まで焼く。

11　焼けたらすぐにオーブンから出して型ごとさかさまにし、完全に熱がなくなるまで2時間以上冷ます。

5　型からはずす

12　14ページを参照して、型からはずす。

6　ホイップクリームを作る

13　生クリームに砂糖とラム酒を加えて七～八分立て（79ページ参照）にしたホイップクリームを添え、ココアパウダーを茶こしで振る。

A

B

C

パンプキンシフォンケーキ

かぼちゃの自然な甘みがヘルシーなシフォンケーキ。
ナイフを入れると、鮮やかなオレンジ色があらわれます。
お好みで、ホイップクリームとシナモンを添えて召し上がれ。

● **材料と焼き時間**（材料の色文字と作り方の下線は「基本」と異なる部分）

材料	17cm型	20cm型
卵黄生地		
卵黄（L）	3個分	6個分
砂糖	25g	50g
サラダ油	30㎖	60㎖
かぼちゃペースト		
かぼちゃ	150g	300g
水	25㎖	50㎖
バニラオイル	2〜3滴	3〜4滴
薄力粉	60g	120g
メレンゲ		
卵白（L）	3個分	6個分
砂糖	50g	100g
焼き時間（160度）	35分	45分

[準備]

1 かぼちゃペーストを作る。かぼちゃは皮と種をとって一口大に切り、サッと水（分量外）にくぐらせて耐熱容器に入れる。ふわっとラップをかけ、竹ぐしがスッと通るまで電子レンジで5〜6分加熱する（A）。

2 裏ごしし（B）、17cm型で75g、20cm型で150g計量する。水を加えてまぜる。

3 オーブンを160度に予熱する。

● **作り方**

1 卵黄生地を作る

1 ボウルに卵黄と砂糖を入れ、泡立て器で全体が白っぽくなるまでよく泡立てる。

2 サラダ油を加えてよくまぜる。

3 準備2のかぼちゃペーストを加えてまぜ（C）、バニラオイルを加えてサッとまぜる。

4 薄力粉をこし器でふるいながら入れ、泡立て器でしっかりまぜる。卵黄生地のでき上がり。

2 メレンゲを作る

5 卵白はハンドミキサーで泡立て、モコモコになったら砂糖を加えてさらに泡立て、ピンとツノが立つメレンゲを作る。

3 1と2を合わせる

6 卵黄生地にメレンゲをひとすくい加え、泡立て器でぐるぐるとまぜる。

7 白い部分が見えるうちに、残りのメレンゲを2回に分けて加え、そのつどさっくりとまぜる（D）。

8 最後はゴムべらにかえ、ムラがなくなるまでまぜる。

4 型に入れて焼く

9 型に生地を流し入れ、菜箸でぐるぐると筒に沿って5〜6周回し、空気を抜く。天板にのせ、160度のオーブンで焼く。

10 表面に膜が張ってきたら十文字に切り込みを入れ、オーブンに戻してさらに指定の時間まで焼く。

11 焼けたらすぐにオーブンから出して型ごとさかさまにし、完全に熱がなくなるまで2時間以上冷ます。

5 型からはずす

12 14ページを参照して、型からはずす。

＊好みでホイップクリーム（51ページ参照）とシナモンパウダーを添えても。

A

B

C

D

フィナンシェ風シフォンケーキ

卵白と卵黄を使うので、見た目は基本のシフォンケーキと似ていますが、
食べてびっくり、バターの香りが口いっぱいに広がります。
たっぷりの焦がしバターとアーモンドパウダーでフィナンシェの風味を再現しました。

● **材料と焼き時間**（材料の色文字と作り方の下線は「基本」と異なる部分）

材料	17cm型	20cm型
卵黄生地		
卵黄（L）	3個分	6個分
砂糖	30g	60g
サラダ油	30㎖	60㎖
バター（食塩不使用）	60g	120g
水	20㎖	40㎖
薄力粉	75g	150g
アーモンドパウダー	35g	70g
メレンゲ		
卵白（L）	3個分	6個分
砂糖	60g	120g
焼き時間（160度）	35分	45分

［準備］

1 焦がしバターを作る。バターを小なべに入れて中火にかけ、とけたら木べらで底をこそげながら加熱し、色づいてきたら弱火にする。泡が小さくなり、全体が薄茶色になったら（A）、茶こしでこして冷ます。

＊余熱で焦げすぎることがあるため、火から下ろしたらすぐにこすこと。

2 アーモンドパウダーをフライパンに入れて弱火にかけ、木べらでまぜながら香ばしく色づくまで炒り（B）、バットなどにあけて冷ます。

3 オーブンを160度に予熱する。

● **作り方**

1 卵黄生地を作る

1 ボウルに卵黄と砂糖を入れ、泡立て器で全体が白っぽくなるまでよく泡立てる。

2 サラダ油を加えてよくまぜ、準備1の焦がしバターを加えてまぜる（C）。水を加えてまぜる。

3 薄力粉と準備2のアーモンドパウダーを合わせてこし器でふるいながら入れ（D）、泡立て器でしっかりまぜる。卵黄生地のでき上がり。

2 メレンゲを作る

4 卵白はハンドミキサーで泡立て、モコモコになったら砂糖を加えてさらに泡立て、ピンとツノが立つメレンゲを作る。

3 1と2を合わせる

5 卵黄生地にメレンゲをひとすくい加え、泡立て器でぐるぐるとまぜる。

6 白い部分が見えるうちに、残りのメレンゲを2回に分けて加え、そのつどさっくりとまぜる。

7 最後はゴムべらにかえ、ムラがなくなるまでまぜる（E）。

4 型に入れて焼く

8 型に生地を流し入れ、菜箸でぐるぐると筒に沿って5～6周回し、空気を抜く。天板にのせ、160度のオーブンで焼く。

9 表面に膜が張ってきたら十文字に切り込みを入れ、オーブンに戻してさらに指定の時間まで焼く。

10 焼けたらすぐにオーブンから出して型ごとさかさまにし、完全に熱がなくなるまで2時間以上冷ます。

5 型からはずす

11 14ページを参照して、型からはずす。

A

B

C

D

E

ブルーチーズシフォンケーキ

ブルーチーズの個性的な風味を生かして、しっとりと焼き上げました。

塩けをきかせているので、お酒といっしょにつまむのもおすすめです。

チーズの乳脂肪でメレンゲが消えやすいので、生地は手早くまぜるのがポイント。

● **材料と焼き時間**（材料の色文字と作り方の下線は「基本」と異なる部分）

材料	17cm型	20cm型
卵黄生地		
卵黄（L）	5個分	8個分
砂糖	30g	60g
サラダ油	30㎖	50㎖
ブルーチーズ	50g	80g
水	30㎖	50㎖
塩	4g	10g
薄力粉	70g	160g
メレンゲ		
卵白（L）	5個分	8個分
砂糖	60g	120g
焼き時間（160度）	35分	45分

＊ブルーチーズはダナブルーを使用（**A**）。ロックフォール、ゴルゴンゾーラなどでも。

［準備］

Ⅰ ブルーチーズと水を耐熱容器に入れ、ラップをかけずに電子レンジで1～2分加熱してとかし、泡立て器でよくまぜる（**B**）。

2 オーブンを160度に予熱する。

● **作り方**

1 卵黄生地を作る

Ⅰ ボウルに卵黄と砂糖を入れ、泡立て器で全体が白っぽくなるまでよく泡立てる。

2 サラダ油を加えてよくまぜ、<u>準備1でとかしたブルーチーズと水、塩を加えてまぜる</u>（**C**）。

3 薄力粉をこし器でふるいながら入れ、泡立て器でしっかりまぜる。卵黄生地のでき上がり。

2 メレンゲを作る

4 卵白はハンドミキサーで泡立て、モコモコになったら砂糖を加えてさらに泡立て、ピンとツノが立つメレンゲを作る。

3 1と2を合わせる

5 卵黄生地にメレンゲをひとすくい加え、泡立て器でぐるぐるとまぜる。

6 白い部分が見えるうちに、残りのメレンゲを2回に分けて加え、そのつどさっくりとまぜる。

7 最後はゴムべらにかえ、ムラがなくなるまでまぜる（**D**）。

4 型に入れて焼く

8 <u>型に生地を流し入れ、天板にのせ、160度のオーブンで焼く。</u>

＊チーズの油分で泡が消えやすいため、菜箸で空気を抜かずにそのまま焼く。

9 表面に膜が張ってきたら十文字に切り込みを入れ、オーブンに戻してさらに指定の時間まで焼く。

10 焼けたらすぐにオーブンから出して型ごとさかさまにし、完全に熱がなくなるまで2時間以上冷ます。

5 型からはずす

Ⅱ 14ページを参照して、型からはずす。

A

B

C

D

CHAPTER 3

○○○○○○○○○○○○○○○○○○○○○

和風シフォンケーキ

和風の食材を加えたら、ホッとする味わいのシフォンになりました。
和菓子好きのかたにもおすすめしたい、日本茶によく合うケーキです。

JAPANESE ARRANGE

ほうじ茶のシフォンケーキ

口に入れた瞬間、ほうじ茶の香りがふわっと広がります。
風味がしっかりつくよう、お茶は濃く煮出しましょう。
ぜひ、煎りたての香りのいい茶葉を使ってください。

● **材料と焼き時間** (材料の色文字と作り方の下線は「基本」と異なる部分)

材料	17cm型	20cm型
卵黄生地		
卵黄(L)	3個分	6個分
砂糖	20g	40g
サラダ油	30ml	60ml
ほうじ茶液		
ほうじ茶葉	20g	40g
水	100ml	200ml
薄力粉	75g	150g
メレンゲ		
卵白(L)	3個分	6個分
砂糖	50g	100g
焼き時間(160度)	35分	45分

[準備]

1 ほうじ茶液を作る。小なべに水を入れて火にかけ、沸騰したらほうじ茶葉を入れて弱火で10秒煮出し、火を止める(A)。

2 ふたをして3分おき、こし器でこして17cm型で40ml、20cm型で80ml計量する(B)。
＊ギュッとしぼって計量し、足りない場合は水を加える。

3 オーブンを160度に予熱する。

● **作り方**

1　卵黄生地を作る

1 ボウルに卵黄と砂糖を入れ、泡立て器で全体が白っぽくなるまでよく泡立てる。

2 サラダ油を加えてよくまぜる。

3 準備2のほうじ茶液を加えてまぜる(C)。

4 薄力粉をこし器でふるいながら入れ、泡立て器でしっかりまぜる(D)。卵黄生地のでき上がり。

2　メレンゲを作る

5 卵白はハンドミキサーで泡立て、モコモコになったら砂糖を加えてさらに泡立て、ピンとツノが立つメレンゲを作る。

3　1と2を合わせる

6 卵黄生地にメレンゲをひとすくい加え、泡立て器でぐるぐるとまぜる。

7 白い部分が見えるうちに、残りのメレンゲを2回に分けて加え、そのつどさっくりとまぜる。

8 最後はゴムべらにかえ、ムラがなくなるまでまぜる(E)。

4　型に入れて焼く

9 型に生地を流し入れ、菜箸でぐるぐると筒に沿って5〜6周回し、空気を抜く。天板にのせ、160度のオーブンで焼く。

10 表面に膜が張ってきたら十文字に切り込みを入れ、オーブンに戻してさらに指定の時間まで焼く。

11 焼けたらすぐにオーブンから出して型ごとさかさまにし、完全に熱がなくなるまで2時間以上冷ます。

5　型からはずす

12 14ページを参照して、型からはずす。

A

B

C

D

E

しょうがのシフォンケーキ

しょうがの香りをきかせた、さわやかなシフォンケーキ。
相性のいいカスタードソースをぜひ添えて。
ミルクティーやカフェオレともよく合います。

● **材料と焼き時間**（材料の色文字と作り方の下線は「基本」と異なる部分）

材料	17cm型	20cm型
卵黄生地		
卵黄（L）	3個分	6個分
砂糖	20g	40g
サラダ油	30㎖	60㎖
しょうが（すりおろし）	20g	40g
水	20㎖	40㎖
薄力粉	75g	150g
メレンゲ		
卵白（L）	3個分	6個分
砂糖	40g	80g
焼き時間（160度）	35分	45分
カスタードソース		
卵黄（L）	2個分	4個分
砂糖	50g	100g
牛乳	140㎖	280㎖
バニラビーンズ	⅓本	½本

［準備］

1 しょうがは皮をむいてからすりおろし、計量する。

2 バニラビーンズのさやを縦に切り、包丁の背でしごいて種子をとり出す（23ページ参照）。

3 オーブンを160度に予熱する。

＊カスタードソースの保存は冷蔵室で2日間。
＊バニラビーンズはバニラオイル（17cm型は2～3滴、20cm型は3～4滴）で代用しても。

● **作り方**

1 卵黄生地を作る

1 ボウルに卵黄と砂糖を入れ、泡立て器で全体が白っぽくなるまでよく泡立てる。

2 サラダ油を加えてよくまぜる。

3 準備1のしょうが、水を加えてまぜる（A）。

4 薄力粉をこし器でふるいながら入れ、泡立て器でしっかりまぜる。卵黄生地のでき上がり。

2 メレンゲを作る

5 卵白はハンドミキサーで泡立て、モコモコになったら砂糖を加えてさらに泡立て、ピンとツノが立つメレンゲを作る。

3 1と2を合わせる

6 卵黄生地にメレンゲをひとすくい加え、泡立て器でぐるぐるとまぜる。

7 白い部分が見えるうちに、残りのメレンゲを2回に分けて加え、そのつどさっくりとまぜる（B）。

8 最後はゴムべらにかえ、ムラがなくなるまでまぜる。

4 型に入れて焼く

9 型に生地を流し入れ、菜箸でぐるぐると筒に沿って5～6周回し、空気を抜く。天板にのせ、160度のオーブンで焼く。

10 表面に膜が張ってきたら十文字に切り込みを入れ、オーブンに戻してさらに指定の時間まで焼く。

11 焼けたらすぐにオーブンから出して型ごとさかさまにし、完全に熱がなくなるまで2時間以上冷ます。

5 型からはずす

12 14ページを参照して、型からはずす。

6 カスタードソースを作る

13 ボウルに卵黄を入れ、砂糖の⅔量を加えて泡立て器でまぜる。小なべに残りの砂糖、牛乳、準備2のバニラビーンズのさやと種子を入れて沸騰直前まであたため、ボウルに少しずつ加えてまぜる（C）。

14 なべに戻して弱火にかけ、木べらで絶えず底からまぜながら煮て、とろみがついたら火を止める（D）。

15 こし器でこしてから冷やし、シフォンケーキに添える。

＊底のほうがモロモロと固まる場合があるので、必ずこしてとり除く。

A

B

C

D

カステラ風シフォンケーキ

カステラみたいな、ふんわり、しっとりとしたシフォンケーキ。
はちみつとみりんを加えて、やさしい甘みとコクを出しました。
こんがりとした焼き色が香ばしく、緑茶やほうじ茶とよく合います。

● **材料と焼き時間**（材料の色文字と作り方の下線は「基本」と異なる部分）

材料	17cm型	20cm型
卵黄生地		
卵黄（L）	3個分	6個分
砂糖	20g	40g
はちみつ	30g	60g
サラダ油	30㎖	60㎖
みりん	15㎖	30㎖
薄力粉	80g	160g
メレンゲ		
卵白（L）	3個分	6個分
砂糖	50g	100g
焼き時間（160度）	35分	45分

＊はちみつを使用しているため、1歳未満の乳児には与えないこと。

［準備］

オーブンを160度に予熱する。

● **作り方**

1　卵黄生地を作る

1 ボウルに卵黄と砂糖、はちみつを入れ（A）、泡立て器で全体が白っぽくもったりとするまでよく泡立てる。

2 サラダ油を加えてよくまぜ、みりんを加えてまぜる（B）。

3 薄力粉をこし器でふるいながら入れ、泡立て器でしっかりまぜる。卵黄生地のでき上がり。

2　メレンゲを作る

4 卵白はハンドミキサーで泡立て、モコモコになったら砂糖を加えてさらに泡立て、ピンとツノが立つメレンゲを作る。

3　1と2を合わせる

5 卵黄生地にメレンゲをひとすくい加え、泡立て器でぐるぐるとまぜる。

6 白い部分が見えるうちに、残りのメレンゲを2回に分けて加え、そのつどさっくりとまぜる（C）。

7 最後はゴムべらにかえ、ムラがなくなるまでまぜる。

4　型に入れて焼く

8 型に生地を流し入れ、菜箸でぐるぐると筒に沿って5～6周回し、空気を抜く。天板にのせ、160度のオーブンで焼く。

9 表面に膜が張ってきたら十文字に切り込みを入れ、オーブンに戻してさらに指定の時間まで焼く。

＊はちみつとみりんが入っているため、焼き色が濃くなる。上面が焦げそうになったら、アルミホイルをかぶせて焼く。

10 焼けたらすぐにオーブンから出して型ごとさかさまにし、完全に熱がなくなるまで2時間以上冷ます。

5　型からはずす

11 14ページを参照して、型からはずす。

A

B

C

黒ごまのシフォンケーキ

ねりごま入りの生地にいりごまを加え、プチプチとしたアクセントをつけました。
お茶にもコーヒーにも合う、栄養たっぷりで香ばしいシフォンケーキ。
黒ごまでシックな色合いに焼き上げましたが、白ごまでもおいしく作れます。

● **材料と焼き時間**（材料の色文字と作り方の下線は「基本」と異なる部分）

［準備］
オーブンを160度に予熱する。

材料	17cm型	20cm型
卵黄生地		
卵黄（L）	3個分	6個分
砂糖	20g	40g
ねり黒ごま	70g	140g
サラダ油	30mℓ	60mℓ
水	45mℓ	80mℓ
薄力粉	60g	120g
いり黒ごま	大さじ1½	大さじ3
メレンゲ		
卵白（L）	3個分	6個分
砂糖	60g	120g
焼き時間（160度）	35分	45分

● **作り方**

1　卵黄生地を作る

1 ボウルにねりごまを入れて泡立て器でよくねり、サラダ油、水を加えてまぜる（**A**）。

2 別のボウルに卵黄と砂糖を入れ、泡立て器で全体が白っぽくなるまでよく泡立てる。

3 1に2を加えてまぜる（**B**）。

4 薄力粉をこし器でふるいながら入れ、泡立て器でしっかりまぜる。卵黄生地のでき上がり。

2　メレンゲを作る

5 卵白はハンドミキサーで泡立て、モコモコになったら砂糖を加えてさらに泡立て、ピンとツノが立つメレンゲを作る。

3　1と2を合わせる

6 卵黄生地にメレンゲをひとすくい加え、泡立て器でぐるぐるとまぜる。

7 白い部分が見えるうちに、残りのメレンゲを2回に分けて加え、そのつどさっくりとまぜる（**C**）。

8 最後はゴムべらにかえ、ムラがなくなるまでまぜる。

9 いりごまを加えてまぜる（**D**）。

4　型に入れて焼く

10 型に生地を流し入れ、菜箸でぐるぐると筒に沿って5〜6周回し、空気を抜く。天板にのせ、160度のオーブンで焼く。

11 表面に膜が張ってきたら十文字に切り込みを入れ、オーブンに戻してさらに指定の時間まで焼く。

12 焼けたらすぐにオーブンから出して型ごとさかさまにし、完全に熱がなくなるまで2時間以上冷ます。

5　型からはずす

13 14ページを参照して、型からはずす。

A

B

C

D

あずきのシフォンケーキ

ゆであずきを加えるだけで、しっとりした和風シフォンのでき上がり。
毎日でも食べたくなる、ほっとする味わいです。
あずきと相性のいいホイップクリームを添えて。

● **材料と焼き時間**（材料の色文字と作り方の下線は「基本」と異なる部分）

［準備］
オーブンを160度に予熱する。

材料	17cm型	20cm型
卵黄生地		
卵黄（L）	3個分	6個分
砂糖	20g	40g
サラダ油	30㎖	60㎖
ゆであずき（缶詰）	180g	360g
薄力粉	70g	140g
メレンゲ		
卵白（L）	3個分	6個分
砂糖	40g	80g
焼き時間（160度）	35分	45分
ホイップクリーム		
生クリーム	100㎖	200㎖
砂糖	15g	30g

● **作り方**

1　卵黄生地を作る

1　ボウルに卵黄と砂糖を入れ、泡立て器で全体が白っぽくなるまでよく泡立てる。

2　サラダ油を加えてよくまぜる。

3　ゆであずきを加えてまぜる（**A**）。

4　薄力粉をこし器でふるいながら入れ、泡立て器でしっかりまぜる（**B**）。卵黄生地のでき上がり。

2　メレンゲを作る

5　卵白はハンドミキサーで泡立て、モコモコになったら砂糖を加えてさらに泡立て、ピンとツノが立つメレンゲを作る。

3　1と2を合わせる

6　卵黄生地にメレンゲをひとすくい加え、泡立て器でぐるぐるとまぜる。

7　白い部分が見えるうちに、残りのメレンゲを2回に分けて加え、そのつどさっくりとまぜる。

8　最後はゴムべらにかえ、ムラがなくなるまでまぜる（**C**）。

4　型に入れて焼く

9　型に生地を流し入れ、菜箸でぐるぐると筒に沿って5〜6周回し、空気を抜く。天板にのせ、160度のオーブンで焼く。

10　表面に膜が張ってきたら十文字に切り込みを入れ、オーブンに戻してさらに指定の時間まで焼く。

11　焼けたらすぐにオーブンから出して型ごとさかさまにし、完全に熱がなくなるまで2時間以上冷ます。

5　型からはずす

12　14ページを参照して、型からはずす。

6　ホイップクリームを作る

13　七〜八分立て（79ページ参照）にしたホイップクリームを添える。

A

B

C

豆乳と黒豆のシフォンケーキ

イソフラボンをたっぷりとれる、ヘルシーなシフォン。
甘さ控えめの生地には、ちょっぴり塩けをきかせました。
あえて甘煮ではなく、ゆでただけの黒豆を加えてアクセントに。

● **材料と焼き時間** (材料の色文字と作り方の下線は「基本」と異なる部分)

材料	17cm型	20cm型
卵黄生地		
卵黄(L)	3個分	6個分
砂糖	20g	40g
サラダ油	30ml	60ml
豆乳	50ml	100ml
塩	小さじ½	小さじ1
薄力粉	75g	150g
メレンゲ		
卵白(L)	3個分	6個分
砂糖	40g	80g
黒豆(乾燥)	20g	40g
焼き時間(160度)	35分	45分

＊黒豆の甘煮や蒸し豆(市販品)の汁けをきって使ってもよい。
その場合は17cm型で50g、20cm型で100gを使用。

［準備］

1 黒豆をたっぷりの水にひと晩つけておく(**A**)。

2 小なべに入れて火にかけ、煮汁がなくなってきたらさし水をし、やわらかくなるまで30分ほど煮る(**B**)。

3 オーブンを160度に予熱する。

● **作り方**

1 　卵黄生地を作る

1 ボウルに卵黄と砂糖を入れ、泡立て器で全体が白っぽくなるまでよく泡立てる。

2 サラダ油を加えてよくまぜる。

3 豆乳、塩を加えてまぜる(**C**)。

4 薄力粉をこし器でふるいながら入れ、泡立て器でしっかりまぜる(**D**)。卵黄生地のでき上がり。

2 　メレンゲを作る

5 卵白はハンドミキサーで泡立て、モコモコになったら砂糖を加えてさらに泡立て、ピンとツノが立つメレンゲを作る。

3 　1と2を合わせる

6 卵黄生地にメレンゲをひとすくい加え、泡立て器でぐるぐるとまぜる。

7 白い部分が見えるうちに、残りのメレンゲを2回に分けて加え、そのつどさっくりとまぜる。

8 最後はゴムべらにかえ、ムラがなくなるまでまぜる。

9 準備2の黒豆の汁けをよくきって加え、サッとまぜる(**E**)。

4 　型に入れて焼く

10 型に生地を流し入れ、菜箸でぐるぐると筒に沿って3〜4周回し、空気を抜く。天板にのせ、160度のオーブンで焼く。

11 表面に膜が張ってきたら十文字に切り込みを入れ、オーブンに戻してさらに指定の時間まで焼く。

12 焼けたらすぐにオーブンから出して型ごとさかさまにし、完全に熱がなくなるまで2時間以上冷ます。

5 　型からはずす

13 14ページを参照して、型からはずす。

A

B

C

D

E

米粉とごまのシフォンケーキ

小麦粉を使わず、米粉100%で焼き上げるシフォン。
焼きたてはふわふわ、翌日はもっちりとした口あたりになります。
淡泊な味わいなので、白ごまで風味を加えました。

● **材料と焼き時間**（材料の色文字と作り方の下線は「基本」と異なる部分）

［準備］
オーブンを160度に予熱する。

材料	17cm型	20cm型
卵黄生地		
卵黄（L）	4個分	7個分
砂糖	20g	35g
サラダ油	30mℓ	70mℓ
水	20mℓ	35mℓ
バニラオイル	2〜3滴	3〜4滴
米粉（製菓用）	85g	150g
いり白ごま	大さじ1	大さじ2
メレンゲ		
卵白（L）	4個分	7個分
砂糖	50g	90g
焼き時間（160度）	35分	45分

＊米粉（A）は製菓（ケーキ）用を使用。

● **作り方**

1	卵黄生地を作る

1 ボウルに卵黄と砂糖を入れ、泡立て器で全体が白っぽくなるまでよく泡立てる。

2 サラダ油を加えてよくまぜ、水、バニラオイルを加えてまぜる。

3 米粉を加え、泡立て器でしっかりまぜる（B）。
＊米粉はグルテンを含まず、ダマにならないので、ふるう必要がない。

4 白ごまを加えてまぜる（C）。卵黄生地のでき上がり。

2	メレンゲを作る

5 卵白はハンドミキサーで泡立て、モコモコになったら砂糖を加えてさらに泡立て、ピンとツノが立つメレンゲを作る。

3	1と2を合わせる

6 卵黄生地にメレンゲをひとすくい加え、泡立て器でぐるぐるとまぜる。

7 白い部分が見えるうちに、残りのメレンゲを2回に分けて加え、そのつどさっくりとまぜる（D）。

8 最後はゴムべらにかえ、ムラがなくなるまでまぜる。

4	型に入れて焼く

9 型に生地を流し入れ、菜箸でぐるぐると筒に沿って5〜6周回し、空気を抜く。天板にのせ、160度のオーブンで焼く。

10 表面に膜が張ってきたら十文字に切り込みを入れ、オーブンに戻してさらに指定の時間まで焼く。

11 焼けたらすぐにオーブンから出して型ごとさかさまにし、完全に熱がなくなるまで2時間以上冷ます。

5	型からはずす

12 14ページを参照して、型からはずす。

A

B

C

D

抹茶ときな粉のシフォンケーキ

和風の定番の抹茶風味に、きな粉たっぷりの生地をプラス。
それぞれの風味をじっくり味わいたいから、シンプルな2層にしました。
好みでマーブルに焼き上げても素敵です。

● **材料と焼き時間**（材料の色文字と作り方の下線は「基本」と異なる部分）

［準備］

I 抹茶生地用の薄力粉と抹茶、きな粉生地用の薄力粉ときな粉をそれぞれ合わせ、こし器でふるう。

2 オーブンを160度に予熱する。

材料	17cm型	20cm型
卵黄生地		
卵黄（L）	4個分	7個分
砂糖	20g	35g
サラダ油	30㎖	55㎖
水	40㎖	70㎖
抹茶生地用		
薄力粉	30g	55g
抹茶	5g	9g
きな粉生地用		
薄力粉	20g	35g
きな粉	15g	26g
メレンゲ		
卵白（L）	4個分	7個分
砂糖	50g	90g
焼き時間（160度）	35分	45分

● **作り方**

1 卵黄生地を作る

I ボウルに卵黄と砂糖を入れ、泡立て器で全体が白っぽくなるまでよく泡立てる。

2 サラダ油を加えてよくまぜ、水を加えてまぜる。

3 生地を半量（17cm型は約85g、20cm型は約150g）ずつに分ける。

4 片方の生地に準備Iの抹茶生地用の粉をもう一度ふるいながら入れ、泡立て器でしっかりまぜる。もう一方に、準備Iのきな粉生地用の粉をもう一度ふるいながら入れ、しっかりまぜる（A）。卵黄生地のでき上がり。

2 メレンゲを作る

5 卵白はハンドミキサーで泡立て、モコモコになったら砂糖を加えてさらに泡立て、ピンとツノが立つメレンゲを作る。

3 1と2を合わせる

6 メレンゲを半量ずつに分ける。抹茶生地にそのメレンゲをひとすくい加え、泡立て器でぐるぐるとまぜる。

7 白い部分が見えるうちに、残りのメレンゲを2回に分けて加え、そのつどさっくりとまぜる（B）。

8 最後はゴムべらにかえ、ムラがなくなるまでまぜる。きな粉生地も同様にまぜる。

4 型に入れて焼く

9 型にきな粉生地を流し入れ、スプーンの背などで軽く表面をならす（C）。

10 上に抹茶生地を流し入れ（D）、表面をならす。天板にのせ、160度のオーブンで焼く。

＊マーブルにしたい場合は、2つの生地をボウルで合わせてサッとまぜ、そのまま型に流し入れる。

II 表面に膜が張ってきたら十文字に切り込みを入れ、オーブンに戻してさらに指定の時間まで焼く。

12 焼けたらすぐにオーブンから出して型ごとさかさまにし、完全に熱がなくなるまで2時間以上冷ます。

5 型からはずす

13 14ページを参照して、型からはずす。

A

B

C

D

CHAPTER 4

ミックスフレーバーのシフォンケーキ

フレーバーを組み合わせた、技ありのシフォンケーキたち。
シフォンケーキ作りに慣れてきたら、ぜひトライしてみてください。

MIX FLAVOR

ブルーベリー & チーズシフォンケーキ

低脂肪のカッテージチーズを使い、あっさりと仕上げました。
ちょっぴり塩けをきかせた生地には、甘ずっぱいブルーベリーがぴったり。
生地に沈まないよう、ブルーベリーにひと手間加えるのがポイントです。

● **材料と焼き時間**（材料の色文字と作り方の下線は「基本」と異なる部分）

材料	17cm型	20cm型
卵黄生地		
カッテージチーズ（裏ごしタイプ）	80g	140g
レモン汁	30ml	50ml
サラダ油	30ml	55ml
卵黄（L）	4個分	7個分
砂糖	30g	50g
バニラオイル	2〜3滴	3〜4滴
塩	小さじ⅕	小さじ⅖
薄力粉	70g	125g
メレンゲ		
卵白（L）	4個分	7個分
砂糖	50g	90g
ブルーベリー（冷凍）	100g	200g
砂糖	5g	10g
レモン汁	小さじ½	小さじ1
焼き時間（160度）	35分	45分

［準備］

1 耐熱容器に凍ったままのブルーベリー、砂糖、レモン汁を入れ、ラップをかけずに電子レンジで2分〜2分30秒加熱する（**A**）。

2 こし器でこし、実と液体に分ける。実をペーパータオルでふき、薄力粉少々（分量外）をまぶす。
＊残った液体はソースとして使える。

3 オーブンを160度に予熱する。

● **作り方**

1 卵黄生地を作る

1 ボウルにカッテージチーズとレモン汁を入れて泡立て器でまぜ、サラダ油を加えてまぜる（**B**）。

2 別のボウルに卵黄と砂糖を入れ、泡立て器で全体が白っぽくなるまでよく泡立てる。

3 1に2を2〜3回に分けて加えてよくまぜ（**C**）、バニラオイル、塩を加えてまぜる。

4 薄力粉をこし器でふるいながら入れ、泡立て器でしっかりまぜる。卵黄生地のでき上がり。

2 メレンゲを作る

5 卵白はハンドミキサーで泡立て、モコモコになったら砂糖を加えてさらに泡立て、ピンとツノが立つメレンゲを作る。

3 1と2を合わせる

6 卵黄生地にメレンゲをひとすくい加え、泡立て器でぐるぐるとまぜる。

7 白い部分が見えるうちに、残りのメレンゲを2回に分けて加え、そのつどさっくりとまぜる（**D**）。

8 最後はゴムべらにかえ、ムラがなくなるまでまぜる。

4 型に入れて焼く

9 型に生地の⅓量を流し入れ、準備2のブルーベリーの⅓量をのせる（**E**）。これをくり返し、いちばん上のブルーベリーは生地に軽く押し込む。天板にのせ、160度のオーブンで焼く。

10 表面に膜が張ってきたら十文字に切り込みを入れ、オーブンに戻してさらに指定の時間まで焼く。

11 焼けたらすぐにオーブンから出して型ごとさかさまにし、完全に熱がなくなるまで2時間以上冷ます。

5 型からはずす

12 14ページを参照して、型からはずす。

A

B

C

D

E

みかん & レモンシフォンケーキ

フルーツ缶で作れる手軽さが、おやつにぴったり。
みかんは沈んで生地に穴があかないよう、小さくちぎって入れましょう。
レモンの酸味と香りが大事な引き締め役です。

● 材料と焼き時間 (材料の色文字と作り方の下線は「基本」と異なる部分)

材料	17cm型	20cm型
卵黄生地		
卵黄 (L)	4個分	6個分
砂糖	20g	40g
サラダ油	30㎖	50㎖
レモンの表皮 (国産)	½個分	1個分
みかん (缶詰・正味)	80g	130g
レモン汁	30㎖	60㎖
薄力粉	80g	130g
メレンゲ		
卵白 (L)	4個分	6個分
砂糖	50g	90g
焼き時間 (160度)	35分	45分

［準備］

1 レモンはよく洗い、表皮 (表面の黄色い部分) だけをすりおろす (A)。

2 みかんは缶汁をきって計量し、小さくちぎってレモン汁をまぶす。

3 オーブンを160度に予熱する。

● 作り方

1	卵黄生地を作る

1 ボウルに卵黄と砂糖を入れ、泡立て器で全体が白っぽくなるまでよく泡立てる。

2 サラダ油を加えてよくまぜ、準備1のレモンの表皮を加えてまぜる。

3 準備2のみかんとレモン汁を加えてまぜる (B)。

4 薄力粉をこし器でふるいながら入れ、泡立て器でしっかりまぜる (C)。卵黄生地のでき上がり。

＊柑橘系が入ると生地がぼそっとした感じになるが、気にしなくてよい。

2	メレンゲを作る

5 卵白はハンドミキサーで泡立て、モコモコになったら砂糖を加えてさらに泡立て、ピンとツノが立つメレンゲを作る。

3	1と2を合わせる

6 卵黄生地にメレンゲをひとすくい加え、泡立て器でぐるぐるとまぜる。

7 白い部分が見えるうちに、残りのメレンゲを2回に分けて加え、そのつどさっくりとまぜる。

8 最後はゴムべらにかえ、ムラがなくなるまでまぜる (D)。

4	型に入れて焼く

9 型に生地を流し入れ (E)、菜箸でぐるぐると筒に沿って3〜4周回し、空気を抜く。

＊流し込みにくい場合は、生地をゴムべらですくって入れる。

10 天板にのせ、160度のオーブンで焼く。

11 表面に膜が張ってきたら十文字に切り込みを入れ、オーブンに戻してさらに指定の時間まで焼く。

12 焼けたらすぐにオーブンから出して型ごとさかさまにし、完全に熱がなくなるまで2時間以上冷ます。

5	型からはずす

13 14ページを参照して、型からはずす。

A

B

C

D

E

ココア & ラズベリーシフォンケーキ

そのまま焼いてもおいしい、ふわふわのココア生地に
キュッと甘ずっぱいラズベリーを散らしました。
切り口に顔を出すラズベリーが、色と味わいのアクセント。

● **材料と焼き時間**（材料の色文字と作り方の下線は「基本」と異なる部分）

材料	17cm型	20cm型
卵黄生地		
卵黄（L）	4個分	8個分
砂糖	20g	40g
サラダ油	30㎖	60㎖
水	40㎖	80㎖
薄力粉	50g	100g
ココアパウダー	20g	40g
メレンゲ		
卵白（L）	4個分	8個分
砂糖	50g	100g
ラズベリー（生）	40g	80g
焼き時間（160度）	35分	45分

＊ラズベリーは生を使用。冷凍だと生地に沈んで穴があきやすい。

[準備]

1 薄力粉とココアパウダーを合わせ、こし器でふるう。

2 オーブンを160度に予熱する。

● **作り方**

1 卵黄生地を作る

1 ボウルに卵黄と砂糖を入れ、泡立て器で全体が白っぽくなるまでよく泡立てる。

2 サラダ油を加えてよくまぜる。

3 水を加えてまぜる。

4 準備1の薄力粉とココアパウダーをもう一度ふるいながら入れ（A）、泡立て器でしっかりまぜる（B）。卵黄生地のでき上がり。

2 メレンゲを作る

5 卵白はハンドミキサーで泡立て、モコモコになったら砂糖を加えてさらに泡立て、ピンとツノが立つメレンゲを作る。

3 1と2を合わせる

6 卵黄生地にメレンゲをひとすくい加え、泡立て器でぐるぐるとまぜる。

7 白い部分が見えるうちに、残りのメレンゲを2回に分けて加え、そのつどさっくりとまぜる。

8 最後はゴムべらにかえ、ムラがなくなるまでまぜる（C）。

4 型に入れて焼く

9 型に生地の半量を流し入れ、ラズベリーの半量をのせる（D）。これをくり返し、いちばん上のラズベリーは生地に軽く押し込む（E）。

10 天板にのせ、160度のオーブンで焼く。

11 表面に膜が張ってきたら十文字に切り込みを入れ、オーブンに戻してさらに指定の時間まで焼く。

12 焼けたらすぐにオーブンから出して型ごとさかさまにし、完全に熱がなくなるまで2時間以上冷ます。

5 型からはずす

13 14ページを参照して、型からはずす。

A

B

C

D

E

メープル＆くるみシフォンケーキ

ミネラルたっぷりのメープルシロップとシュガーを使って。
メープルの風味と、くるみの香ばしさは相性抜群。
カリカリとしたナッツの口あたりが楽しいシフォンです。

● **材料と焼き時間**（材料の色文字と作り方の下線は「基本」と異なる部分）

材料	17cm型	20cm型
卵黄生地		
卵黄（L）	3個分	6個分
メープルシュガー	20g	40g
サラダ油	30㎖	60㎖
メープルシロップ	50㎖	100㎖
薄力粉	80g	160g
メレンゲ		
卵白（L）	3個分	6個分
メープルシュガー	50g	100g
くるみ（製菓用）	30g	60g
焼き時間（160度）	35分	45分

＊メープルシュガー（A）はメープルシロップを精製した砂糖。
なければ三温糖やきび砂糖で代用してもよい。

［準備］

1 くるみをフライパンに入れて中火で1分ほど炒り（B）、少し冷めたら、あらみじんに切る。

2 オーブンを160度に予熱する。

● **作り方**

1 卵黄生地を作る

1 ボウルに卵黄とメープルシュガーを入れ、泡立て器で全体が白っぽくなるまでよく泡立てる。

2 サラダ油を加えてよくまぜる。

3 メープルシロップを加えてまぜる（C）。

4 薄力粉をこし器でふるいながら入れ、泡立て器でしっかりまぜる。卵黄生地のでき上がり。

2 メレンゲを作る

5 卵白はハンドミキサーで泡立て、モコモコになったらメープルシュガーを加えてさらに泡立て、メレンゲを作る。
＊メープルシュガーを加えると、やわらかいツノが立つ（D）。

3 1と2を合わせる

6 卵黄生地にメレンゲをひとすくい加え、泡立て器でぐるぐるとまぜる。

7 白い部分が見えるうちに、残りのメレンゲを2回に分けて加え、そのつどさっくりとまぜる。

8 最後はゴムべらにかえ、準備1のくるみを加えてムラがなくなるまでまぜる（E）。

4 型に入れて焼く

9 型に生地を流し入れ、菜箸でぐるぐると筒に沿って3〜4周回し、空気を抜く。天板にのせ、160度のオーブンで焼く。

10 表面に膜が張ってきたら十文字に切り込みを入れ、オーブンに戻してさらに指定の時間まで焼く。

11 焼けたらすぐにオーブンから出して型ごとさかさまにし、完全に熱がなくなるまで2時間以上冷ます。

5 型からはずす

12 14ページを参照して、型からはずす。

A

B

C

D

E

コーヒーマーブルシフォンケーキ

インスタントコーヒーを使う、手軽なフレーバーシフォン。
香りをしっかり楽しみたいから、ベースの生地にもコーヒーをまぜ込みました。
生地をまぜすぎないのが、きれいなマーブルに焼き上げるコツ。

● **材料と焼き時間**（材料の色文字と作り方の下線は「基本」と異なる部分）

材料	17cm型	20cm型
卵黄生地		
卵黄（L）	3個分	6個分
砂糖	20g	40g
サラダ油	30㎖	60㎖
コーヒー液（生地用）		
インスタントコーヒー	大さじ1	大さじ2
湯	40㎖	80㎖
薄力粉	75g	150g
メレンゲ		
卵白（L）	3個分	6個分
砂糖	50g	100g
コーヒー液（マーブル用）		
インスタントコーヒー	小さじ2	大さじ1⅓
湯	小さじ1	小さじ2
砂糖	小さじ2	大さじ1⅓
焼き時間（160度）	35分	45分

［準備］

1 コーヒー液を2種類作る。生地用はインスタントコーヒーと湯をまぜる。マーブル用は小さめのボウルでインスタントコーヒー、湯、砂糖をまぜる（A）。

2 オーブンを160度に予熱する。

● **作り方**

1	**卵黄生地を作る**

1 ボウルに卵黄と砂糖を入れ、泡立て器で全体が白っぽくなるまでよく泡立てる。

2 サラダ油を加えてよくまぜる。

3 準備1の生地用コーヒー液を加えてまぜる（B）。

4 薄力粉をこし器でふるいながら入れ、泡立て器でしっかりまぜる（C）。卵黄生地のでき上がり。

2	**メレンゲを作る**

5 卵白はハンドミキサーで泡立て、モコモコになったら砂糖を加えてさらに泡立て、ピンとツノが立つメレンゲを作る。

3	**1と2を合わせる**

6 卵黄生地にメレンゲをひとすくい加え、泡立て器でぐるぐるとまぜる。

7 白い部分が見えるうちに、残りのメレンゲを2回に分けて加え、そのつどさっくりとまぜる。

8 最後はゴムべらにかえ、ムラがなくなるまでまぜる。

9 レードル1杯分（20cm型は2杯分）の生地を準備1のマーブル用コーヒー液に加え、まぜる（D）。

10 8のボウルに戻し入れ、サッとまぜる。

＊流し込むと自然にマーブルになるため、ここではまぜすぎないこと。

4	**型に入れて焼く**

11 型に生地を流し入れ（E）、天板にのせ、160度のオーブンで焼く。

12 表面に膜が張ってきたら十文字に切り込みを入れ、オーブンに戻してさらに指定の時間まで焼く。

13 焼けたらすぐにオーブンから出して型ごとさかさまにし、完全に熱がなくなるまで2時間以上冷ます。

5	**型からはずす**

14 14ページを参照して、型からはずす。

A　生地用　　マーブル用

B

C

D

E

ミント＆オレオクッキーのシフォンケーキ

ミントのすっきりとした香りとオレオクッキーは好相性。
チョコミントよりも軽いテイストで、口いっぱいにさわやかな風味が広がります。
定番フレーバーのシフォンケーキではもの足りないかたにおすすめです。

● **材料と焼き時間**（材料の色文字と作り方の下線は「基本」と異なる部分）

材料	17cm型	20cm型
卵黄生地		
卵黄（L）	3個分	6個分
砂糖	20g	40g
サラダ油	30㎖	60㎖
ミント液		
ミントリキュール	50㎖	100㎖
水	15㎖	30㎖
薄力粉	75g	150g
メレンゲ		
卵白（L）	3個分	6個分
砂糖	50g	100g
オレオクッキー（小）	正味50g（小袋3袋）	正味100g（小袋6袋）
焼き時間（160度）	35分	45分

[準備]

1 ミントリキュールと水をまぜる。

2 オレオクッキーのクリームをとり除き（A）、8枚（20cm型は10枚）を表を下にして型に並べる。残りは半分に割る。

3 オーブンを160度に予熱する。

● **作り方**

1	卵黄生地を作る

1 ボウルに卵黄と砂糖を入れ、泡立て器で全体が白っぽくなるまでよく泡立てる。

2 サラダ油を加えてよくまぜる。

3 準備1のミント液を加えてまぜる（B）。

4 薄力粉をこし器でふるいながら入れ、泡立て器でしっかりまぜる。卵黄生地のでき上がり。

2	メレンゲを作る

5 卵白はハンドミキサーで泡立て、モコモコになったら砂糖を加えてさらに泡立て、ピンとツノが立つメレンゲを作る。

3	1と2を合わせる

6 卵黄生地にメレンゲをひとすくい加え、泡立て器でぐるぐるとまぜる。

7 白い部分が見えるうちに、残りのメレンゲを2回に分けて加え、そのつどさっくりとまぜる。

8 最後はゴムべらにかえ、ムラがなくなるまでまぜる。

4	型に入れて焼く

9 型に並べたクッキーが動かないように注意しながら、生地の⅓量をスプーンでそっと入れる（C）。

10 準備2の残りのクッキーの⅓量を軽く押し込む（D）。

11 残りの生地を2回に分けて加え、そのつどクッキーを押し込む。天板にのせ、160度のオーブンで焼く。

12 表面に膜が張ってきたら十文字に切り込みを入れ、オーブンに戻してさらに指定の時間まで焼く。

13 焼けたらすぐにオーブンから出して型ごとさかさまにし、完全に熱がなくなるまで2時間以上冷ます。

5	型からはずす

14 14ページを参照して、型からはずす。

A

B

C

D

カモフラ柄シフォンケーキ

プレーン生地に抹茶とココアを加えて3色にし、
断面をイメージしながら、型に少しずつ生地を入れておしゃれな迷彩柄に。
一度にいろいろな風味を味わえる、ファッショナブルなシフォンケーキです。

● **材料と焼き時間** (材料の色文字と作り方の下線は「基本」と異なる部分)

材料	17cm型	20cm型
卵黄生地		
卵黄(L)	4個分	8個分
砂糖	30g	60g
サラダ油	30㎖	60㎖
水	40㎖	80㎖
バニラオイル	2〜3滴	3〜4滴
薄力粉	70g	140g
薄力粉(色分け用)	5g	10g
抹茶	6g	12g
ココアパウダー	7g	14g
メレンゲ		
卵白(L)	4個分	8個分
砂糖	60g	120g
焼き時間(160度)	35分	45分

[準備]
オーブンを160度に予熱する。

● **作り方**

1　卵黄生地を作る

1 ボウルに卵黄と砂糖を入れ、泡立て器で全体が白っぽくもったりとするまでよく泡立てる。

2 サラダ油を加えてよくまぜ、水を加えてまぜる。バニラオイルを加えてまぜる。

3 薄力粉をこし器でふるいながら入れ、泡立て器でしっかりまぜる。卵黄生地のベースのでき上がり。別の2つのボウルに生地を75gずつとり分け、全部で3つにする。

4 とり分けたボウルのひとつに色分け用の薄力粉、もうひとつに抹茶、元のボウルにココアパウダーを加える(A)。それぞれ茶こしでふるいながら入れてよくまぜ、3色の生地を作る。

＊茶こしは洗わずに、薄力粉、抹茶、ココアパウダーの順にふるい入れるとよい。

2　メレンゲを作る

5 卵白はハンドミキサーで泡立て、モコモコになったら砂糖を加えてさらに泡立て、ピンとツノが立つメレンゲを作る。

3　1 と 2 を合わせる

6 メレンゲを3等分し(ココア生地用は少し多めにする)、4の生地にそれぞれ加え(B)、泡立て器でまぜる。最後はゴムべらにかえ、ムラがなくなるまでまぜる。

4　型に入れて焼く

7 型に3色の生地をスプーンで少しずつ入れ(C)、別の色をのせてまだらにする。天板にのせ、160度のオーブンで焼く。

＊生地が全部入った状態(D)。まぜるとマーブル状になってしまうので、そのままの状態で焼く。

8 表面に膜が張ってきたら十文字に切り込みを入れ、オーブンに戻してさらに指定の時間まで焼く。

9 焼けたらすぐにオーブンから出して型ごとさかさまにし、完全に熱がなくなるまで2時間以上冷ます。

5　型からはずす

10 14ページを参照して、型からはずす。

A

B

C

D

コーンフラワー & バターシフォンケーキ

コーンをまるごとひいた粉で作る、ポタージュ色のシフォン。
バターをたっぷり加えて、風味とコクを出しました。
ちょっと塩けがきいているので、軽食にもぴったりです。

● **材料と焼き時間**（材料の色文字と作り方の下線は「基本」と異なる部分）

材料	17cm型	20cm型
卵黄生地		
卵黄（L）	4個分	8個分
砂糖	20g	40g
サラダ油	30㎖	60㎖
バター（食塩不使用）	40g	80g
塩	小さじ½	小さじ1
水	40㎖	80㎖
薄力粉	20g	40g
コーンフラワー	60g	120g
メレンゲ		
卵白（L）	4個分	8個分
砂糖	50g	90g
焼き時間（160度）	35分	45分

＊コーンフラワー（**A**）は薄力粉のようにきめ細かい粉末。
コーンミールやコーングリッツは不可。

［準備］

1 耐熱容器にバターを入れ、ラップをかけて電子レンジの弱（200W）で1分加熱し、とかす。

＊バターは飛び散りやすいので、必ずラップをかけて。

2 薄力粉とコーンフラワーを合わせ、こし器でふるう。

3 オーブンを160度に予熱する。

● **作り方**

1 卵黄生地を作る

1 ボウルに卵黄と砂糖を入れ、泡立て器で全体が白っぽくなるまでよく泡立てる。

2 サラダ油を加えてよくまぜ、準備1のバター、塩を加えてまぜる（**B**）。

3 水を加えてまぜる。

4 準備2の薄力粉とコーンフラワーをもう一度ふるいながら入れ、泡立て器でしっかりまぜる（**C**）。卵黄生地のでき上がり。

2 メレンゲを作る

5 卵白はハンドミキサーで泡立て、モコモコになったら砂糖を加えてさらに泡立て、ピンとツノが立つメレンゲを作る。

3 1と2を合わせる

6 卵黄生地にメレンゲをひとすくい加え、泡立て器でぐるぐるとまぜる。

7 白い部分が見えるうちに、残りのメレンゲを2回に分けて加え、そのつどさっくりとまぜる。

8 最後はゴムべらにかえ、ムラがなくなるまでまぜる（**D**）。

4 型に入れて焼く

9 型に生地を流し入れ、菜箸でぐるぐると筒に沿って5～6周回し、空気を抜く。天板にのせ、160度のオーブンで焼く。

10 表面に膜が張ってきたら十文字に切り込みを入れ、オーブンに戻してさらに指定の時間まで焼く。

11 焼けたらすぐにオーブンから出して型ごとさかさまにし、完全に熱がなくなるまで2時間以上冷ます。

5 型からはずす

12 14ページを参照して、型からはずす。

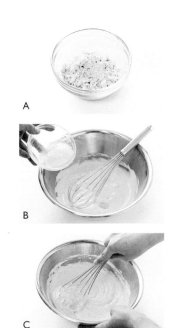
A

B

C

D

シナモンロール風マーブルシフォンケーキ

プレーン生地に、ブラウンシュガーとシナモンをきかせた生地を合わせて。
そのままでもおいしいけれど、仕上げにアイシングとくるみをトッピングすれば
まるでシナモンロールのような、ふわふわのシフォンケーキのでき上がりです。

● **材料と焼き時間**（材料の色文字と作り方の下線は「基本」と異なる部分）

材料	17cm型	20cm型
卵黄生地		
卵黄（L）	3個分	5個分
砂糖	20g	35g
サラダ油	30mℓ	50mℓ
水	30mℓ	50mℓ
バニラオイル	2〜3滴	3〜4滴
薄力粉	75g	125g
メレンゲ		
卵白（L）	3個分	5個分
砂糖	50g	80g
シナモンシュガー		
ブラウンシュガー	30g	50g
シナモンパウダー	小さじ2	大さじ1強
焼き時間（160度）	35分	45分
アイシング		
粉砂糖	100g	150g
水	小さじ2½	小さじ4
くるみ（製菓用）	10〜15g	15〜20g

＊ブラウンシュガーのかわりに粉末黒砂糖、きび砂糖などでも。

[準備]

1 ブラウンシュガーとシナモンパウダーをまぜ合わせる。

2 くるみをフライパンに入れて中火で1分ほど炒り、少し冷めたら、あらみじんに切る。

3 オーブンを160度に予熱する。

● **作り方**

1　卵黄生地を作る

1 ボウルに卵黄と砂糖を入れ、泡立て器で全体が白っぽくなるまでよく泡立てる。

2 サラダ油を加えてよくまぜ、水、バニラオイルを加えてまぜる。

3 薄力粉をこし器でふるいながら入れ、泡立て器でしっかりまぜる。卵黄生地のでき上がり。

2　メレンゲを作る

4 卵白はハンドミキサーで泡立て、モコモコになったら砂糖を加えてさらに泡立て、ピンとツノが立つメレンゲを作る。

3　1と2を合わせる

5 卵黄生地にメレンゲをひとすくい加え、泡立て器でぐるぐるとまぜる。

6 白い部分が見えるうちに、残りのメレンゲを2回に分けて加え、そのつどさっくりとまぜる。

7 最後はゴムべらにかえ、ムラがなくなるまでまぜる。

8 生地を100g（20cm型は150ｇ）とり分けて別のボウルに入れ、そこに準備1のシナモンシュガーを加えてまぜる（A）。

4　型に入れて焼く

9 7に8を加えてさっとまぜ、型に流し入れる（B）。天板にのせ、160度のオーブンで焼く。

10 表面に膜が張ってきたら十文字に切り込みを入れ、オーブンに戻してさらに指定の時間まで焼く。

11 焼けたらすぐにオーブンから出して型ごとさかさまにし、完全に熱がなくなるまで2時間以上冷ます。

5　型からはずす

12 14ページを参照して、型からはずす。

6　デコレーションする

13 アイシングを作る。粉砂糖に水を加えて泡立て器でまぜる。かたければ水を1滴ずつ加え、ゆるければ粉砂糖（分量外）を少しずつ加え、どろりと流れるくらいにする。

14 ケーキの上面にスプーンでアイシングをたらし（C）、準備2のくるみを飾る。1時間ほどおいてアイシングを固める。

A

B

C

CHAPTER **5**

○○○○○○○○○○○○○○○○○○

シフォンロール

大人気のロールケーキをシフォン生地で作りましょう。
フレーバーのバリエーションもたくさん紹介しています。

CHIFFON ROLL

基本のシフォンロール（プレーンシフォンロール）

プレーンなシフォン生地で、ホイップクリームをくるりと巻いて。
クリームがしっとりとなじんだら食べごろです。

基本のシフォンロールの作り方

生地は水分多めの配合ですが、作り方は「基本のシフォンケーキ」と同じ。
まずはプレーンな生地の焼き方と巻き方をマスターしましょう。

● 材料と焼き時間

材料（28×28cmの天板1枚分）		
卵黄生地		
卵黄（L）　4個分		
砂糖　20g		
サラダ油　30㎖		
水　60㎖		
バニラオイル　2〜3滴		
薄力粉　80g		
メレンゲ		
卵白（L）　4個分		
砂糖　50g		
焼き時間（160度）　20分		
ホイップクリーム		
生クリーム（乳脂肪45％以上）　200㎖		
砂糖　30g		

● 作り方の流れ

1	生地を作る

↓

2	生地を焼いて冷ます

↓

3	クリームを作る

↓

4	クリームを塗って巻く

天板について

この本では、28×28cmの
ロールケーキ用天板を使用
しています。サイズがほぼ
同じであれば、オーブン付
属の天板でも大丈夫。

HOW TO MAKE

基本の作り方

ふわふわのシフォン生地とホイップクリームは最高の相性。
シフォン生地は一般的なロールケーキ生地よりもしっとりと焼き上がるため、
初めてのかたでも巻きやすく、クリームともよくなじみます。
持ち運びしやすいので、手みやげにもおすすめです。

［準備］オーブンを 160 度に予熱する。

| 準備 | 天板にシートを敷き込む |

オーブンシートは角までぴったりと敷き込みましょう。
表になる面が平らに焼き上がるよう、画用紙を重ねるのがポイント。

| 1 | 生地を作る |

「基本のシフォンケーキ」の生地と
同様に作り、手早く平らにします。

1　天板にサラダ油（分量外）を塗
　り、33cm角に切ったオーブン
　シートを敷き込む。角は斜めに切り
　込みを入れて重ね、側面もぴったり
　とつける。

2　底に合わせて切った画用紙（27
　cm角くらい）を敷く。

＊底面が表になる場合、画用紙（厚手の
もの）を重ねることでしわが寄らずにき
れいに仕上がる。焼き色を見せる場合
（84、88、92、96ページ）は不要。

1　10〜13ページを参照して生地
　を作り、天板に流し入れる。

2 | 生地を焼いて冷ます

焼き上がったら、シフォンケーキと同様に、裏返して冷まします。
まな板をのせていっしょにひっくり返し、ケーキクーラーにのせましょう。

2 カードかゴムべらで手早く平らにならす。

＊ならしすぎると穴があいてくるので注意する。

1 160度のオーブンで20分焼く。焼き上がったら、すぐ表面に新しいオーブンシートをはりつける。

＊焼き色を見せる場合（84、88、92、96ページ）はそのまま冷やす。

2 まな板をのせて天板ごとひっくり返し、ケーキクーラー（網）にのせる。すぐに天板をはずし、完全に熱がなくなるまで30〜40分冷ます。

＊生地が蒸れないよう、天板はすぐにはずすこと。

3 | クリームを作る

生クリームは必ず氷水にあてて冷やしながら泡立てます。
とろみがつき始めるとどんどん泡立つので、泡立てすぎに気をつけましょう。

1 底を氷水にあてたボウルに生クリームと砂糖を入れ、ハンドミキサーの低速〜中速で泡立てる。

＊とろみがついたら泡立て器にかえ、様子を見ながら泡立てる。

2 途切れずに流れ落ち、しばらくあとが残る状態が六分立て。ぽってりと落ちる程度が七分立て。

3 泡立て器の中にこもって落ちないくらいが八分立て。さらに数回まぜてツノが立てば九分立て。まぜすぎると分離するので気をつける。

＊使うまでラップをかけて冷蔵室で冷やしておく。

4 ┃ クリームを塗って巻く

クリームがはみ出さないよう、巻き終わり側は薄めに塗ります。
巻いたらきっちり引き締めて、冷蔵室で冷やして完成です。

1 79ページの生地のシート（天板に敷き込んだもの）を端からそっとはがす。画用紙も同様にはがす。

＊1時間以上おくと水分を吸った画用紙にしわが寄るので、冷めたらすぐにはがす。すぐにクリームを塗らない場合は、ラップで包んでおく。

2 新しいシートを50cm長さに切り、横長に置く。1の生地を裏返してのせ、上面のシートをはがす。表面の焼き色をケーキナイフでそぐ。

＊焼き色をそぎとるのは、よりきれいに仕上げるため。省いてもかまわない。

3 八〜九分立て（79ページ参照）にしたクリームをパレットナイフで塗る。手前は厚めに、巻き終わり側は薄めにする。

4 手前から小さく折るようにして巻き、それを芯にしてシートを巻きすのようにし、ゆるまないように注意しながらクルクルと巻く。

5 巻き終わりを下にして形をととのえる。シートの上から菜箸をあて、下側のシートを引き出してしっかりとケーキを引き締める。

6 菜箸を抜き、シートの両端をねじる。さらにラップで包み、冷蔵室で2時間以上冷やす。

シフォンロール Q & A

Q.1　きれいにカットするコツは？

A. ブレッドナイフかケーキナイフを熱い湯につけてあたため、水けをふきます。
生地を押しつぶさないよう、ナイフを軽く前後に動かしながらカットしましょう。

＊クリームを1回ごとにふきとると、
きれいにカットできる。

Q.2　日もちと保存方法を教えて！

A. 保存はラップで包んで冷蔵室で。
水分が多いので、2〜3日以内に食べきりましょう。
冷凍する場合は2週間が目安。冷蔵室で解凍しましょう。

まるごとの場合
80ページの6の状態で保存できます。冷
蔵はそのままで大丈夫ですが、冷凍の場
合は庫内のにおいがつくので、さらにポ
リ袋などに入れて。

カットした場合
ひと切れずつケーキ用フィルムではさ
み、密閉容器に入れます。来客用などに
はこちらがおすすめ。

1切れずつラップで包み、保存袋に入れ
ます。

フルーツロール

プレーンなシフォンロールにフルーツを巻き込むと、見た目も味わいも華やかに。
カラフルなフルーツを組み合わせましたが、好みのもの1種類でもおいしく作れます。
粉糖を振ったシンプルな仕上げ方と、クリームのデコレーションの2種を紹介します。

● 材料

材料	シンプル（写真右）	デコレーション（写真左）
基本のシフォンロール生地	1枚	1枚
生クリーム（乳脂肪45％以上）	200㎖	400㎖
砂糖	30g	60g
いちご（中〜小粒）	10〜12個	12〜14個
キウイ	1個	1個
アプリコット（缶詰）	3〜4切れ	3〜4切れ

＊いちごが大粒の場合は巻きにくいため、縦半分に切る。

［準備］

1 基本のシフォンロール生地（77〜79ページ参照）を焼いておく。

2 いちごは洗ってへたをとり、キウイは皮をむいて6等分のくし形切りにする。アプリコットはペーパータオルで水けをとり、半分に切る。

＊デコレーションする場合はいちご2〜3個をあらみじんに切り、4.5×50㎝のムースフィルム（ケーキ用透明テープ）、または5×30㎝程度に切った清潔な厚紙、クリアファイルなどを用意する。

● 作り方（2まで共通）

1 ホイップクリームを作る

1 ボウルに生クリーム200㎖と砂糖30gを入れ、底を氷水にあてて八〜九分立て（79ページ参照）にする。

2 クリームを塗り、フルーツを並べて巻く

2 80ページを参照して生地にクリームを塗り広げ、フルーツを手前からいちご、キウイ、アプリコットの順に3列に並べる（A・B）。

A

B

3 手前のいちごを芯にして巻き込み（C）、シートを巻きすのようにし、クルクルと巻く（D）。シートの両端をねじり、さらにラップで包み、冷蔵室で2時間以上冷やす（E）。

＊シンプルに仕上げる場合はこれで完成。食べるときに好みで粉糖（分量外）を振る。

C

D

3 デコレーションする

4 ボウルに残りの生クリーム200㎖と砂糖30gを入れ、底を氷水にあてて七分立て（79ページ参照）にする。

5 3のラップとシートをはがし、巻き終わりを下にして置く。4のホイップクリームを上面にかけ（F）、ゴムべらかパレットナイフで全体に塗り広げる（G）。

6 ムースフィルムをドーム状にたわませて5にかぶせ、形を変えないように注意しながら手前に引いて表面をならす（H）。

＊くり返すと表面がざらつくので、1〜2回で仕上げる。うまくいかない場合は、ゴムべらなどで筋をつけて仕上げてもよい。

7 冷蔵室で2時間以上冷やし、あらみじんに切ったいちごを飾る。

E

F

G

H

生どら焼き風シフォンロール

ホイップクリームに手軽なゆであずきを加えたクリームを
はちみつ入りの生地で巻いて、和の味わいのロールケーキに。
日本茶はもちろん、コーヒーとの相性も抜群です。

● **材料と焼き時間**（材料の色文字と作り方の下線は「基本」と異なる部分）

材料（28×28cmの天板1枚分）
卵黄生地
卵黄（L）　4個分
はちみつ　30㎖
サラダ油　30㎖
牛乳　50㎖
薄力粉　60g
メレンゲ
卵白（L）　4個分
砂糖　60g
焼き時間（160度）　20分
あずきクリーム
生クリーム（乳脂肪45％以上）　200㎖
ゆであずき（缶詰）　200g

＊はちみつを使用しているため、
1歳未満の乳児には与えないこと。

[準備]

1 天板にサラダ油（分量外）を塗り、オーブンシートを敷く。

2 オーブンを160度に予熱する。

● **作り方**

1	生地を作る

1 卵黄生地を作る。ボウルに卵黄とはちみつを入れ、泡立て器で泡立てる。

2 サラダ油、牛乳を順に加え、そのつどまぜる（A）。

3 薄力粉をこし器でふるいながら入れ、泡立て器でまぜる。卵黄生地のでき上がり。

4 メレンゲを作る。卵白はハンドミキサーで泡立て、モコモコになったら砂糖を加えてさらに泡立て、ピンとツノが立つメレンゲを作る。

5 卵黄生地にメレンゲを3回に分けて加え、そのつどさっくりとまぜる。最後はゴムべらにかえ、ムラがなくなるまでまぜる。

2	生地を焼いて冷ます

6 天板に生地を流し入れてならし（B）、160度のオーブンで20分焼く。すぐに天板からはみ出したシートを外側に引っ張って側面をはがし（C）、天板に戻してそのまま完全に冷ます。

＊側面をはがすことで、焼き縮みのシワを防ぐ。焼き色を残すため、裏返さずに冷ます。

3	あずきクリームを作る

7 ボウルに生クリームを入れて八分立て（79ページ参照）にし、ゆであずきを加えてまぜる（D）。

4	クリームを塗って巻く

8 新しいオーブンシートに、6を焼き色のついた面を下にしてのせ、敷き込んだシートをはがす。

9 7のクリームを塗り広げ、シートを巻きすのようにしてクルクルと巻く（E）。

10 シートの両端をねじり、さらにラップで包み、冷蔵室で2時間以上冷やす。

A

B

C

D

E

抹茶 & 和栗シフォンロール

まるで和菓子のような、繊細な味わいのロールケーキ。
和栗ペーストをぜいたくに使ったクリームに、抹茶の香りがぴったりです。
ホイップクリームやピスタチオクリームでのアレンジもおすすめ。

● **材料と焼き時間**（材料の色文字と作り方
の下線は「基本」と異なる部分）

材料（28×28cmの天板1枚分）
卵黄生地
卵黄（L）　4個分
砂糖　20g
サラダ油　30㎖
水　60㎖
薄力粉　60g
抹茶　10g
メレンゲ
卵白（L）　4個分
砂糖　50g
焼き時間（160度）　20分
和栗クリーム
和栗ペースト　75g
砂糖　30g
生クリーム（乳脂肪45％以上）　200㎖

[準備]

1 天板にサラダ油（分量外）を塗り、オーブンシートを敷く。底に合わせて切った画用紙を敷く。

2 オーブンを160度に予熱する。

抹茶＆ピスタチオ シフォンロール

ペーストをかえ、抹茶＆和栗シフォンロールと同様に作ります。濃厚なナッツの風味が、意外なほど抹茶のシフォンによく合います。

ピスタチオクリーム
ピスタチオペースト（無糖）　75g
砂糖　45g
生クリーム（乳脂肪45％以上）　200㎖

＊ピスタチオペースト（D）には加糖タイプもある。その場合は砂糖を30gにする。

● **作り方**

1 生地を作る

1 卵黄生地を作る。ボウルに卵黄と砂糖を入れ、泡立て器で泡立てる。

2 サラダ油、水を順に加え、そのつどまぜる。

3 薄力粉と抹茶を合わせてこし器でふるいながら入れ、泡立て器でしっかりまぜる。卵黄生地のでき上がり。

4 メレンゲを作る。卵白はハンドミキサーで泡立て、モコモコになったら砂糖を加えてさらに泡立て、ピンとツノが立つメレンゲを作る。

5 卵黄生地にメレンゲを3回に分けて加え、そのつどさっくりとまぜる。最後はゴムべらにかえ、ムラがなくなるまでまぜる。

2 生地を焼いて冷ます

6 天板に生地を流し入れてならし（A）、160度のオーブンで20分焼く。裏返して天板をはずし、完全に冷ます。

3 和栗クリームを作る

7 ボウルに和栗ペーストと砂糖を入れ、生クリームの¼量を加えて泡立て器でまぜる（B）。

8 別のボウルに残りの生クリームを入れて七分立て（79ページ参照）にする。2〜3回に分けて7に加えてまぜる。

4 クリームを塗って巻く

9 6のシートをはがし、裏返して新しいオーブンシートにのせ、8のクリームを塗り広げる。

10 シートを巻きすのようにし、クルクルと巻く（C）。

11 ペーパーの両端をねじり、さらにラップで包んで、冷蔵室で2時間以上冷やす。

A

B

C

D

ブラック＆ホワイトシフォンロール

生地はたっぷりのブラックココアで真っ黒に焼き上げました。
ほろ苦い生地で、練乳入りのミルキーなクリームをくるりと巻いて。
黒×白のコントラストも楽しいシフォンロールです。

● **材料と焼き時間**（材料の色文字と作り方の下線は「基本」と異なる部分）

材料（28×28cmの天板1枚分）
卵黄生地
卵黄（L）　5個分
砂糖　20g
サラダ油　30㎖
水　60㎖
薄力粉　50g
ブラックココアパウダー　20g
メレンゲ
卵白（L）　5個分
砂糖　50g
焼き時間（160度）　20分
練乳クリーム
生クリーム（乳脂肪45％以上）　300㎖
加糖練乳　120g

［準備］

1 薄力粉とココアパウダーを合わせ、こし器でふるう。

2 天板にサラダ油（分量外）を塗り、オーブンシートを敷く。

3 オーブンを160度に予熱する。

● **作り方**

1　生地を作る

1 卵黄生地を作る。ボウルに卵黄と砂糖を入れ、泡立て器で泡立てる。

2 サラダ油、水を順に加え、そのつどまぜる。

3 準備1の薄力粉とココアパウダーをもう一度ふるいながら入れ（**A**）、泡立て器でしっかりまぜる。卵黄生地のでき上がり。

4 メレンゲを作る。卵白はハンドミキサーで泡立て、モコモコになったら砂糖を加えてさらに泡立て、ピンとツノが立つメレンゲを作る。

5 卵黄生地にメレンゲを3回に分けて加え、そのつどさっくりとまぜる。最後はゴムべらにかえ、ムラがなくなるまでまぜる。

2　生地を焼いて冷ます

6 天板に生地を流し入れてならし（**B**）、160度のオーブンで20分焼く。すぐに天板からはみ出したシートを外側に引っ張って側面をはがし、天板に戻して冷ます。

＊側面をはがすことで、焼き縮みのシワを防ぐ。焼き色を残すため、裏返さずに冷ます。

3　練乳クリームを作る

7 底を氷水にあてたボウルに生クリームと加糖練乳を入れ（**C**）、八分立て（79ページ参照）にする。

4　クリームを塗って巻く

8 新しいオーブンシートの上に、6を焼き色のついた面を下にしてのせ、敷き込んだシートをはがす。

9 7のクリームを手前⅓くらいが盛り上がるように塗り広げる（**D**）。

10 シートを巻きすのようにし、盛り上がったクリームを包み込むようにくるりと巻く（**E**）。

11 シートの両端をねじり、さらにラップで包んで、冷蔵室で2時間以上冷やす。

A

B

C

D

E

ガナッシュ & ココアシフォンロール

チョコレート好きにはたまらないダブルチョコロール。
生地にココアを使い、軽く焼き上げました。
ブッシュ・ド・ノエル風にデコレーションしても素敵です。

● **材料と焼き時間**（材料の色文字と作り方の下線は「基本」と異なる部分）

材料（28×28cmの天板1枚分）
卵黄生地
卵黄（L）　4個分
砂糖　20g
サラダ油　30㎖
水　60㎖
薄力粉　50g
ココアパウダー　20g
メレンゲ
卵白（L）　4個分
砂糖　50g
焼き時間（160度）　20分
ガナッシュクリーム
生クリーム（乳脂肪45％以上）　400㎖
スイートチョコレート　160g

［準備］

1　薄力粉とココアパウダーを合わせ、こし器でふるう。

2　スイートチョコレートを刻む。

3　天板にサラダ油（分量外）を塗り、オーブンシートを敷く。

4　オーブンを160度に予熱する。

● **作り方**

1　生地を作る

1　卵黄生地を作る。ボウルに卵黄と砂糖を入れ、泡立て器で泡立てる。

2　サラダ油、水を順に加え、そのつどまぜる。

3　準備1の薄力粉とココアパウダーをもう一度ふるいながら入れ、泡立て器でしっかりまぜる。卵黄生地のでき上がり。

4　メレンゲを作る。卵白はハンドミキサーで泡立て、モコモコになったら砂糖を加えてさらに泡立て、ピンとツノが立つメレンゲを作る。

5　卵黄生地にメレンゲを3回に分けて加え、そのつどさっくりとまぜる。最後はゴムべらにかえ、ムラがなくなるまでまぜる。

2　生地を焼いて冷ます

6　天板に生地を流し入れてならし（A）、170度のオーブンで20分焼く。裏返して天板をはずし、完全に冷ます。

3　ガナッシュクリームを作る

7　生クリームの半量を小なべに入れ、沸騰直前まであたためる。準備2のチョコレートを加えて（B）そのまま1分おき、ゴムべらでよくまぜてとかし、ボウルに移す。

8　残りの生クリームを加え、ボウルの底を氷水にあてて七分立て（79ページ参照）にする（C）。

4　クリームを塗って巻く

9　6のシートをはがし、裏返して新しいオーブンシートにのせ、8のクリームの半量を塗り広げる。

10　シートを巻きすのようにし、クルクルと巻く（D）。巻き終わりを下にしてしっかり締め、シートをはがす。

11　残りのクリームを10の表面に塗り広げ（E）、冷蔵庫で1時間以上冷やす。

A

B

C

D

E

カルピスクリーム＆黄桃シフォンロール

カルピス入りの甘ずっぱいクリームは、フルーツと相性抜群。
手軽に使える缶詰なら、いつの季節でもおいしいフルーツロールが作れます。
基本のシフォンロール生地にはちみつを加え、ツヤのある焼き色をつけました。

● **材料と焼き時間**（材料の色文字と作り方の下線は「基本」と異なる部分）

材料（28×28㎝の天板1枚分）
卵黄生地
卵黄（L） 4個分
はちみつ 30㎖
サラダ油 30㎖
水 50㎖
薄力粉 60g
メレンゲ
卵白（L） 4個分
砂糖 60g
焼き時間（160度） 20分
黄桃（缶詰） 正味200g
レモン汁 15㎖
カルピスクリーム
カルピス（原液） 100㎖
コーンスターチ 大さじ1½
生クリーム（乳脂肪45％以上） 150㎖

［準備］

1 天板にサラダ油（分量外）を塗り、オーブンシートを敷く。

2 オーブンを160度に予熱する。

＊缶詰はマンゴー、白桃、洋梨などでも。
＊はちみつを使用しているため、1歳未満の乳児には与えないこと。

● **作り方**

1 生地を作る

1 卵黄生地を作る。ボウルに卵黄とはちみつを入れ、泡立て器で泡立てる。

2 サラダ油、水を順に加え、そのつどまぜる。

3 薄力粉をこし器でふるいながら入れ、泡立て器でまぜる。卵黄生地のでき上がり。

4 メレンゲを作る。卵白はハンドミキサーで泡立て、モコモコになったら砂糖を加えてさらに泡立て、ピンとツノが立つメレンゲを作る。

5 卵黄生地にメレンゲを3回に分けて加え、そのつどさっくりとまぜる。最後はゴムべらにかえ、ムラがなくなるまでまぜる。

2 生地を焼いて冷ます

6 天板に生地を流し入れてならし、160度のオーブンで20分焼く。すぐに天板からはみ出したシートを外側に引っ張って側面をはがし（A）、天板に戻してそのまま冷ます。

＊側面をはがすことで、焼き縮みのシワを防ぐ。焼き色を残すため、裏返さずに冷ます。

3 カルピスクリームを作る

7 黄桃は1㎝幅に切ってレモン汁をまぶし、5分おいてから汁けをふきとる。

8 小なべにカルピスとコーンスターチを入れてまぜ、弱火にかけて絶えずまぜながら火を通す（B）。とろみがついてきたら火を止め、ボウルに移して冷ます。

9 別のボウルに生クリームを入れて七分立て（79ページ参照）にし、8に少しずつ加えて八～九分立てにする。

4 クリームを塗って巻く

10 新しいオーブンシートの上に、6を焼き色のついた面を下にしてのせ、裏面のシートをはがす（C）。

11 9のクリームを塗り広げ、手前から3列（等間隔）に7の黄桃を並べる。

12 シートを巻きすのようにし、クルクルと巻く（D）。

13 シートの両端をねじり、さらにラップで包んで、冷蔵室で2時間以上冷やす。

A

B

C

D

プチプチチョコバナナシフォンロール

練乳入りのホイップクリームにチョコを加え、バナナをくるりと巻きました。
こまかく刻んだミルクチョコが、プチプチと楽しい口あたり。
子どもはもちろん、男性にも人気の高いロールケーキです。

● 材料と焼き時間（材料の色文字と作り方の下線は「基本」と異なる部分）

材料（28×28cmの天板1枚分）
卵黄生地
卵黄（L）　4個分
砂糖　20g
サラダ油　30mℓ
水　60mℓ
バニラオイル　2〜3滴
薄力粉　80g
メレンゲ
卵白（L）　4個分
砂糖　50g
焼き時間（160度）　20分
練乳クリーム
生クリーム（乳脂肪45%以上）　200mℓ
砂糖　20g
加糖練乳　30g
バニラオイル　2〜3滴
ミルクチョコレート　20〜30g
バナナ　2本

［準備］

1 ミルクチョコレートをこまかく刻む。

2 天板にサラダ油（分量外）を塗り、オーブンシートを敷く。底に合わせて切った画用紙を敷く。

3 オーブンを160度に予熱する。

● 作り方

1　生地を作る

1 卵黄生地を作る。ボウルに卵黄と砂糖を入れ、泡立て器で泡立てる。

2 サラダ油、水、バニラオイルを順に加え、そのつどまぜる。

3 薄力粉をこし器でふるいながら入れ、泡立て器でまぜる。卵黄生地のでき上がり。

4 メレンゲを作る。卵白はハンドミキサーで泡立て、モコモコになったら砂糖を加えてさらに泡立て、ピンとツノが立つメレンゲを作る。

5 卵黄生地にメレンゲを3回に分けて加え、そのつどさっくりとまぜる。最後はゴムべらにかえ、ムラがなくなるまでまぜる。

2　生地を焼いて冷ます

6 天板に生地を流し入れてならし、160度のオーブンで20分焼く。裏返して天板をはずし、完全に冷ます。

3　練乳クリームを作る

7 ボウルに生クリームと砂糖を入れて七分立て（79ページ参照）にし、加糖練乳、バニラオイルを加え（A）、八分立てにする。準備1のミルクチョコレートを加えてまぜる。

4　クリームを塗って巻く

8 6のシートをはがし、裏返して新しいオーブンシートにのせ、7のクリームを手前約⅓のところが少し盛り上がるように塗り広げる（B）。

9 クリームが盛り上がったところにバナナをのせる（C）。

＊バナナの曲がった部分は手で割れ目を入れながらまっすぐにする。

10 シートを巻きすのようにし、バナナを包むようにくるりと巻く（D）。

11 シートの両端をねじり、さらにラップで包んで、冷蔵室で2時間以上冷やす。

＊バナナは変色しやすいため、食べる直前に切り分ける。

A

B

C

D

レーズンサンド風コーヒーシフォンロール

ほろ苦いコーヒー生地にはちみつを加え、こんがりと焼き上げます。
生クリームを合わせたバタークリームは、とろけるような軽い口あたり。
ラムレーズンでアクセントをつけた、大人のためのロールケーキです。

● **材料と焼き時間**（材料の色文字と作り方の下線は「基本」と異なる部分）

材料（28×28cmの天板1枚分）
卵黄生地
卵黄（L）　4個分
はちみつ　30㎖
サラダ油　30㎖
コーヒー液
インスタントコーヒー　大さじ1
湯　50㎖
薄力粉　50g
メレンゲ
卵白（L）　4個分
砂糖　60g
焼き時間（160度）　20分
ラムレーズン
レーズン　40〜50g
ラム酒　100㎖
バタークリーム
バター（食塩不使用）　50g
砂糖　20g
生クリーム（乳脂肪45%以上）　150㎖

[準備]

1 ラムレーズンを作る。
小なべに水を入れて火にかけ、沸騰したらレーズンを加えて中火で30秒ゆで、ざるに上げる。保存袋に入れてラム酒を加え、2時間以上漬ける（A）。

2 インスタントコーヒーと湯をまぜる。

3 バターを室温にもどし、やわらかくする。

4 天板にサラダ油（分量外）を塗り、オーブンシートを敷く。

5 オーブンを160度に予熱する。

＊ラムレーズンは市販品でも。入れなくても作れます。
＊はちみつを使用しているため、1歳未満の乳児には与えないこと。

● **作り方**

1	生地を作る

1 卵黄生地を作る。ボウルに卵黄とはちみつを入れ、泡立て器で泡立てる。

2 サラダ油、準備2のコーヒー液を順に加え、そのつどまぜる。

3 薄力粉をこし器でふるいながら入れ、泡立て器でまぜる。卵黄生地のでき上がり。

4 メレンゲを作る。卵白はハンドミキサーで泡立て、モコモコになったら砂糖を加えてさらに泡立て、ピンとツノが立つメレンゲを作る。

5 卵黄生地にメレンゲを3回に分けて加え、そのつどさっくりとまぜる。最後はゴムべらにかえ、ムラがなくなるまでまぜる。

2	生地を焼いて冷ます

6 天板に生地を流し入れてならし（B）、160度のオーブンで20分焼く。すぐに天板からはみ出したシートを外側に引っ張って側面をはがし、天板に戻してそのまま冷ます。

＊焼き色を残すため、裏返さずに冷ます。

3	バタークリームを作る

7 ボウルにバターと砂糖を入れ、泡立て器で白っぽくなるまでねる。

8 生クリームを少しずつ加え（C）、そのつど軽くまぜる。

＊分離しやすいので、まぜすぎないこと。

4	クリームを塗って巻く

9 新しいオーブンシートの上に、6を焼き色のついた面を下にしてのせ、裏面のシートをはがす。

10 8のクリームを塗り広げ、手前から3列（等間隔）に汁けをきった準備1のラムレーズンを並べる。

11 シートを巻きすのようにし、クルクルと巻く（D）。

12 シートの両端をねじり、さらにラップで包んで、冷蔵室で2時間以上冷やす。

＊食べる前に室温に少しもどすと、バタークリーム本来の風味が出る。

A

B

C

D

ダブルベリー & チーズシフォンロール

生地を淡いピンクに焼き上げるため、卵黄を半分に減らしました。
シフォン生地にはラズベリーピュレ、チーズクリームにはいちごピュレをたっぷりまぜて
甘ずっぱいチーズケーキ風シフォンロールのでき上がり。

● **材料と焼き時間**(材料の色文字と作り方
の下線は「基本」と異なる部分)

材料(28×28cmの天板1枚分)
卵黄生地
卵黄(L) 2個分
砂糖 20g
サラダ油 30㎖
ラズベリーピュレ(冷凍)
(またはいちごピュレ) 65g
レモン汁 小さじ1
薄力粉 80g
メレンゲ
卵白(L) 4個分
砂糖 50g
焼き時間(160度) 20分
チーズクリーム
クリームチーズ 80g
生クリーム(乳脂肪45%以上) 100㎖
砂糖 30g
いちごピュレ(冷凍)
(またはラズベリーピュレ) 50g

[準備]

1 ラズベリーピュレといちごピュレを自然解凍し、
生地用のラズベリーピュレとレモン汁をまぜる。

＊生地にいちごピュレを使う場合は食用色素(赤)を付属のさじ1加えてまぜる。

2 天板にサラダ油(分量外)を塗り、オーブンシートを敷く。
底に合わせて切った画用紙を敷く。

3 オーブンを160度に予熱する。

＊いちごピュレは焼くと色が抜けるので、
生地に使う場合は食用色素(赤)を加える。
＊余った卵黄はカスタードソース
(44ページ参照)などに。

A

● **作り方**

1 生地を作る

1 卵黄生地を作る。ボウルに卵黄と砂糖を入れ、泡立て器で泡立てる。

2 サラダ油、準備1のラズベリーピュレとレモン汁を順に加え、そのつどまぜる(**A**)。

3 薄力粉をこし器でふるいながら入れ、泡立て器でしっかりまぜる。卵黄生地のでき上がり。

4 メレンゲを作る。卵白はハンドミキサーで泡立て、モコモコになったら砂糖を加えてさらに泡立て、ピンとツノが立つメレンゲを作る。

5 卵黄生地にメレンゲを3回に分けて加え、そのつどさっくりとまぜる(**B**)。最後はゴムべらにかえ、ムラがなくなるまでまぜる。

2 生地を焼いて冷ます

6 天板に生地を流し入れてならし(**C**)、160度のオーブンで20分焼く。裏返して天板をはずし、完全に冷ます。

3 チーズクリームを作る

7 クリームチーズをラップで包み、電子レンジの弱(200W)で1〜2分加熱し、やわらかくする。ボウルに入れて泡立て器でまぜ、いちごピュレを加えてまぜる(**D**)。

8 別のボウルに生クリームと砂糖を入れて七分立て(79ページ参照)にし、7に加えてまぜる。

4 クリームを塗って巻く

9 6のシートをはがし、裏返して新しいオーブンシートにのせ、8のクリームを塗り広げる(**E**)。

10 シートを巻きすのようにし、クルクルと巻く。

11 シートの両端をねじり、さらにラップで包んで、冷蔵室で2時間以上冷やす。好みで仕上げにいちごパウダーを振る。

B

C

D

E

マスカルポーネクリームのマーブルシフォンロール

クリーミーでリッチな味わいのマスカルポーネ入りのクリームを
ココアとプレーンのマーブル生地でくるりと巻きました。
甘みとほろ苦さのバランスが絶妙で、見た目もシックな一品。

● **材料と焼き時間**（材料の色文字と作り方の下線は「基本」と異なる部分）

材料（28×28cmの天板1枚分）
卵黄生地
卵黄（L）　5個分
砂糖　30g
サラダ油　30㎖
水　50㎖
薄力粉　80g
ココアパウダー　10g
メレンゲ
卵白（L）　5個分
砂糖　60g
焼き時間（160度）　20分
マスカルポーネクリーム
マスカルポーネ　200g
生クリーム（乳脂肪45％以上）　200㎖
砂糖　60g
バニラオイル　1〜2滴

［準備］

1 天板にサラダ油（分量外）を塗り、オーブンシートを敷く。
底に合わせて切った画用紙を敷く。

2 マスカルポーネを室温に30分ほどおく。

3 オーブンを160度に予熱する。

● **作り方**

1 | 生地を作る

1 卵黄生地を作る。ボウルに卵黄と砂糖を入れ、泡立て器で泡立てる。

2 サラダ油、水を順に加えてまぜる。

3 薄力粉をこし器でふるいながら入れ、泡立て器でまぜる。卵黄生地のベースのでき上がり。生地のうち140gを別のボウルにとり分け、ココアパウダーをふるい入れてまぜる（**A**）。

4 メレンゲを作る。卵白はハンドミキサーで泡立て、モコモコになったら砂糖を加えてさらに泡立て、ピンとツノが立つメレンゲを作る。

5 メレンゲを2等分（ココア生地用は少し多めにする）し、3の生地にそれぞれ3回に分けて加え、そのつどまぜる（**B**）。最後はゴムべらにかえ、ムラがなくなるまでまぜる。

2 | 生地を焼いて冷ます

6 ココア生地をプレーン生地のボウルの端のほうに加え、ゴムべらで大きくひとまぜする。天板に流し入れてならし（**C**）、160度のオーブンで20分焼く。裏返して天板をはずし、完全に冷ます。

＊流し込むと自然なマーブル状になるため、まぜすぎないこと。

3 | マスカルポーネクリームを作る

7 マスカルポーネをボウルに入れて泡立て器でねり、砂糖を加えてすりまぜ、バニラオイルを加えてまぜる。

8 別のボウルに生クリームを入れて八分立て（79ページ参照）にし、7に加えてまぜ（**D**）、冷蔵室に入れておく。

4 | クリームを塗って巻く

9 6のシートをはがし、裏返して新しいオーブンシートにのせ、8のクリームを手前1/3くらいが盛り上がるように塗り広げ（**E**）、シートを巻きすのようにしてクルクルと巻く。

10 シートの両端をねじり、さらにラップで包んで、冷蔵室で2時間以上冷やす。

A

B

C

D

E

モンブラン風シフォンロール

モンブラン風クリームに栗のシロップ煮を散らして食感のアクセントを加え、
薄めに焼いた生地を2枚合わせて、うず巻き状に仕上げました。
生地1枚分だと細めのロールケーキに仕上がります。

● **材料と焼き時間**（材料の色文字と作り方の下線は「基本」と異なる部分）

材料（28×28cmの天板）	1枚分（写真右）	2枚分（写真左）
卵黄生地		
卵黄（L）	3個分	6個分
砂糖	20g	40g
サラダ油	30㎖	60㎖
水	35㎖	70㎖
バニラオイル	1〜2滴	3〜4滴
薄力粉	50g	100g
メレンゲ		
卵白（L）	3個分	6個分
砂糖	35g	70g
焼き時間（160度）	20分	20分
モンブランクリーム		
マロンペースト（缶詰）	100g	200g
ラム酒	大さじ½	大さじ1
生クリーム（乳脂肪45％以上）	100㎖	200㎖
栗（シロップ煮）	6個	12個

＊マロンペースト（A）はマロンクリームよりも水分が少なくてかたく、栗の風味がしっかりしている。
＊栗はマロングラッセや甘栗でも。入れなくても作れる。

[準備]

1 天板にサラダ油（分量外）を塗り、オーブンシートを敷く。底に合わせて切った画用紙を敷く。

＊2枚分の場合は天板を2枚用意して同時に焼く。なければ1枚の分量で生地を作り、2回に分けて焼く。

2 栗はペーパータオルで汁けをとり、あらみじんに切る。

3 オーブンを160度に予熱する。

A

B

● **作り方**

1 生地を作る

1 卵黄生地を作る。ボウルに卵黄と砂糖を入れ、泡立て器で泡立てる。

2 サラダ油、水、バニラオイルを順に加え、そのつどまぜる。

3 薄力粉をこし器でふるいながら入れ、泡立て器でまぜる。卵黄生地のでき上がり。

4 メレンゲを作る。卵白はハンドミキサーで泡立て、モコモコになったら砂糖を加えてさらに泡立て、ピンとツノが立つメレンゲを作る。

5 卵黄生地にメレンゲを3回に分けて加え、そのつどさっくりとまぜる。最後はゴムべらにかえ、ムラがなくなるまでまぜる。

2 生地を焼いて冷ます

6 天板に生地を流し入れてならし（2枚の場合は半量ずつ）、160度のオーブンで20分焼く（B）。裏返して天板をはずし、完全に冷ます。

3 モンブランクリームを作る

7 マロンペーストをボウルに入れて木べらでねり、ラム酒を加えてまぜる。生クリームの半量を少しずつ加えながらまぜ、ときのばす（C）。

8 残りの生クリームを別のボウルに入れ、八分立て（79ページ参照）にし、7に加えてまぜる。

4 クリームを塗って巻く

9 6のシートをはがし、裏返して新しいオーブンシートにのせる。8のクリームを塗り広げて栗を全体に散らし（2枚の場合はそれぞれ半量）、シートを巻きすのようにしてクルクルと巻く（D）。

＊2枚の場合は、もう1枚を新しいシートにのせて残りのクリームを塗り広げ、9の巻き終わりを手前の辺に合わせて巻く（E）。

10 シートの両端をねじり、さらにラップで包んで、冷蔵室で2時間以上冷やす。好みで仕上げにココアを振る。

C

D

E

石橋かおり KAORI ISHIBASHI

菓子研究家。家庭で作る、できるだけ簡単でおいしく、安全で楽しい
お菓子やデザートのレシピを日々考えている。新しい食材にも敏感に
反応してあれこれ組み合わせを発見し、時代に合うお菓子作りをモッ
トーに研究している。また、鍼灸師免許をもち、食事とスイーツのバ
ランスをうまくとりながら、美容や健康を気づかう生活を続けている。
著書に『感動のおいしさ 糖質オフ チーズケーキ＆シフォンケーキ』
（KADOKAWA）、『大人のチーズケー
キとチーズのお菓子』『ベイクドチー
ズケーキ＆レアチーズケーキ』（とも
に主婦の友社）などがある。

Cake on Web　http://www.kaori-sweets.com
Instagram　@kaori_ishibashi_cake

［食材提供］
タカナシ乳業株式会社
〒241-0023 神奈川県横浜市旭区本宿町5番地
0120-369-059（お客様相談室）
https://www.takanashi-milk.co.jp/

ブックデザイン　　後藤美奈子
撮影　　　　　　　千葉 充
スタイリング　　　河野亜紀、三谷亜利咲、道広哲子
調理アシスタント　鈴木あずさ、高嶋 恵、前田恵里、荻沢智代
企画・編集　　　　吉居瑞子
校正　　　　　　　荒川照実
編集担当　　　　　東明高史（主婦の友社）

©KAORI ISHIBASHI 2021 Printed in Japan
ISBN978-4-07-450022-2
Ⓡ〈日本複製権センター委託出版物〉
本書を無断で複写複製（電子化を含む）することは、著作権法上の
例外を除き、禁じられています。
本書をコピーされる場合は、事前に公益社団法人日本複製権セン
ター（JRRC）の許諾を受けてください。
また本書を代行業者等の第三者に依頼してスキャンやデジタル化
することは、たとえ個人や家庭内での利用であっても一切認めら
れておりません。
JRRC〈https://jrrc.or.jp　eメール：jrrc_info@jrrc.or.jp
電話03-6809-1281〉

らんおう らんぱく つか き
卵黄・卵白を使い切る！
シフォンケーキ＆シフォンロール 決定版
けっていばん

2021年11月30日　第1刷発行

著 者　　石橋かおり
　　　　 いしばし
発行者　　平野健一
発行所　　株式会社主婦の友社
　　　　　〒141-0021 東京都品川区上大崎3-1-1
　　　　　目黒セントラルスクエア
　　　　　電話（編集）03-5280-7537　（販売）03-5280-7551
印刷所　　大日本印刷株式会社

・本書の内容に関するお問い合わせ、また、印刷・製本など製造
上の不良がございましたら、主婦の友社（電話03-5280-7537）ま
でご連絡ください。
・主婦の友社が発行する書籍・ムックのご注文は、お近くの書店
か主婦の友社コールセンター（電話0120-916-892）まで。
＊お問い合わせ受付時間　月〜金曜（祝日を除く）9：30〜17：30
　主婦の友社ホームページ　https://shufunotomo.co.jp/